서문당 · 컬러백과—생활편람 ❹

세계의 국장

장인규/저

간행사

지난 1991년 12월 〈세계의 국기와 국장〉이란 책자를 간행한 이후 몇 년 동안에 많은 나라들이 독립하거나 분리되어 새로히 국기가 바뀌거나 또는 개정된 것도 많다. 아울러 그 책은 부피도 크고 따라서 비쌀 수 밖에 없기 때문에 우리 독자들이 쉽게 사서 볼 수 없을 것 같아, 이에 다시 간략하면서도 그동안 변경되거나 새로 제정된 국기들을 망라하여 게제하고 그의 뜻도 함께 싣는 바이다.

일반적으로 우리들은 그 많은 나라들의 국기를 쉽게 알아볼 수 없고, 또 식별할 수는 없는 것은 물론 그것들이 나타내고 있는 상징적 의미는 더더욱 알지 못하고 있는 것이 사실이다.

국기라는 것이 각각 그렇게 만들어질 때까지는 그 나름대로 역사적 배경과 그것이 내포하고 있는 뜻이 있기 마련인데, 많은 사람들이 이러한 것에 대해서 관심이 없었기 때문에 그 뜻은 둘째로 단지 몇 나라의 국기를 알고 있을 뿐이다.

우연한 기회에 이것에 관심을 갖게 되었고, 이에 대한 자료들을 수집하다보니 상당히 재미있는 것들을 알게 되었으며, 직업과는 전혀 관계가 없으나 너무나 자료가 없기 때문에 이를 필요로 하는 사람들을 위해서 어려운 작업을 하였던 것이다.

전술한 바와 같이 〈세계의 국기와 국장〉을 발간한 다음, 구 소련의 15개 연방공화국이 분리 독립하여 각자의 국기를 갖게 된 것을 필두로 여러 나라의 국기가 변경되거나 새로히 제정되었다. 그 책을 발간한 다음 그 책의 자료서의 가치를 고려하여 1993년 3월에 이를 보완하는 자료를 송달한 적도 있지만, 이제 이를 다시 보완하는 뜻에서도 이 책을 출간하는 바이다.

이제 독자들의 흥미를 돋구기 위하여 국기의 형태를 잠시 살펴보기로 한다. 국기에 들어있는 것 중 가장 많은 것은 별이다. 또한 별의 색깔도 다양하여 백색, 황색, 적색, 녹색, 흑색, 청색별 등이 있다. 별이 가장 많이 들어있는 것은 미국으로 50개이며, 다음으로 많은 것은 브라질의 국기로서 27개나 된다. 별 다음으로 많이 들어 있는 것은 동물과 식물로서 동물로는 독수리, 사자, 새, 뱀, 조개, 용, 표범, 소, 돌고래, 알파차, 양, 라마, 말, 거북이, 바다가재, 그리고 심지어는 돼지의 어금니까지 들어있으며, 식물로는 야자나무, 월계수, 올리브나무, 마호가니, 삼나무, 소나무, 보리수나무, 석류나무, 빵나무, 단풍나무, 떡갈나무, 판야나무, Ngwele, Nutmeg, 벼, 보리, 옥수수, 사탕수수, 바나나, 그리고 선인장 등이다. 그외 글자, 십자가, 해, 달, 영국 국기, 그리고 무기 등이다. 무기도 그내용을 살펴보면 방패, 칼, 총, 대포, 화살, 도끼, 삼지창, 투봉 등이다.

그외 나라의 상징이라든가, 지도, 글자 등이 들어 있으며, 국기 중 특이한 것의 예를 든다면 우리의 태극기와 네팔, 그리고 리비아의 국기를 들 수 있겠다.

국기에 못지 않게 국기를 대신하는 국장에 있어서도 상당히 재미있는 것을 볼 수 있다. 각각의 국장도 그 나름대로 뜻하는 것이 많으며, 이들을 이해함으로써, 그 나라를 이해하는 데 큰 도움이 될 것이다.

이에 더하여, 국기와 국장에만 한하지 않고, 각 나라를 이해하는데 필요한 여러 항목의 자료들을 비교게 함으로써, 이 책자의 값어치를 배가하게 하였다.

저자의 약력

1957년 연세의대 졸업/1971년 장인규성형외과의원 개설/1972년 의학박사학위 취득/1991년 [세계의 국기와 국장] 발간/1993년 국제기장(旗章)학회 참석/1997년 위 장인규성형외과의원 폐원

현재: 연세의대 및 한양의대 성형외과 외래교수/한국소형영화(小型映畵)작가협회 고문

가나

(Republic of Ghana)

중심을 이루는 중앙의 방패문양은 녹색십자로 4등분되어, 좌상(左上)에는 국가권력을 나타내는 지팡이와 칼이, 우상(右上)에는 권위(權威)의 상징으로 성채(城砦)를, 좌하(左下)에는 코코야자나무를, 우하(右下)에는 광산(鑛山)을 넣어 각각 농업과 천연자원(天然資源)을 상징하고 있다. 방패문양 중앙의 사자는 영국의 사자로서 영국과의 유대를 나타내며, 위에 있는 별은 국기의 것과 같고, 양옆에서는 독수리가 이를 지키고 있다. 그리고 맨 밑의 두루마리에는 "자유와 정의"라고 쓰여있다.

정부형태	공화국
독립년월일	1957년 3월 6일
상징물	나라꽃-대추야자
화폐단위	세디(Cedi), 1달러=1,658세디(96년6월)
GNP	226억달러(94년)
GNP순위	78위
1인당 GNP	1,310달러(94년)
1인당 GNP순위	131위
기타	대통령-제리 존 롤링스(임기 4년)

가봉

(Gabonese Republic)

방패문양 속에는 위에 세 개의 황색 원반(圓盤)과 그 밑에 이 나라 국기를 게양한 범선이 있어서, 세 개의 원반이 상징하고 있는 광물자원이 약속하는 희망찬 미래를 향하여 가봉이라는 나라가 접근해가고 있음을 나타낸다. 위에 있는 오큼(Okume) 나무는 이 나라의 중요자원인 삼림을 표시하며, 양쪽의 표범은 국가를 수호하는 대통령의 신중함과 용기를 상징하며, 위에는 라틴어로 "통일됨으로써 우리는 전진한다"라고, 또 밑에는 프랑스어로 "단결, 노동, 정의"라고 쓴 두루마리가 있다.

정부형태	공화국
독립년월일	1960년 8월 17일
상징물	나라꽃-불꽃나무
화폐단위	CFA프랑, 1달러=515CFA프랑(96년6월)
GNP	56억달러(94년)
GNP순위	128위
1인당 GNP	4,900달러(94년)
1인당 GNP순위	68위
기타	대통령-오마르 봉고

가이아나

(Cooperative Republic of Guyana)

국장의 중심을 이루는 것은 양 옆에 큰 다이아몬드가 달려있는 인디오 추장의 관이며, 이를 떠받치고 있는 방패문양 속에는 위에는 이 나라의 국화(國花)인 대련(大蓮)이 있고, 밑에는 이 나라의 꿩이 들어있다. 그리고 양쪽에서 이 추장의 관과 방패를 잡고 있는 두 마리의 자칼(동물)은 오른쪽의 것은 사탕수수와 벼를, 왼쪽의 것은 곡괭이를 함께 잡고 있으며, 맨밑의 두루마리에는 나라의 표어(標語)인 "하나의 사람, 하나의 나라, 하나의 목표"라는 말이 쓰여 있다.

정부형태	협동(協同) 공화국
독립년월일	1966년 5월 26일
상징물	나라꽃-대련(大蓮)
화폐단위	가이아나달러(G\$), 1달러=139G\$(96년6월)
GNP	14억달러(94년)
GNP순위	154위
1인당 GNP	1,950달러(94년)
1인당 GNP순위	117위
기타	대통령-체디 제이건(임기 5년)

감비아

(Republic of the Gambia)

청색은 사랑과 성실을, 백색은 이 나라 국민의 준법(遵法) 정신과 우호적인 성격을, 녹색은 농업자원만이 아니라 희망과 관대(寬大)함을 상징한다고 한다. 방패문양 속의 농기구(農器具)인 도끼와 괭이, 그리고 야자나무는 이 나라의 장래가 농업에 대한 국민의 노력으로 번영할 수 있다는 것을 상징하고 있으며, 이 방패문양을 양쪽에서 지탱하고 있는 사자는 고결(高潔)함과 위엄(威嚴)을 상징하나 과거 영국의 식민지였던 것이 영향을 준 것으로도 생각한다고 한다.

정부형태	공화국
독립년월일	1965년 2월 18일
상징물	
화폐단위	달라시(Dalasi), 1달러=10.05(96년6월)
GNP	10억달러(93년)
GNP순위	157위
1인당 GNP	1,050달러(93년)
1인당 GNP순위	143위
기타	대통령-야야 자메(임기 5년)

과테말라

(Republic of Guatemala)

국장에는 이 나라의 국조(國鳥)인 녹색의 "케투알" 새가 총검(銃劍) 위에 앉아 있는데, 이 새는 새장 안에 가두어 놓고 기르는 것이 대단히 어렵다는 것 때문에, 즉 지배받지 않는다는 뜻으로 자유의 상징으로 되어 있으며, 새의 바로 밑에는 "자유 1821년 9월 15일"이라고 쓰인 양피지(羊皮紙) 두루마리가 있어서 이날이 중앙 아메리카가 스페인으로부터 독립한 날인 것을 기념하는 것이며, 이 새와 양피지(羊皮紙) 두루마리 뒤에는 한 쌍의 총과 한 쌍의 칼이 있고, 이들은 승리와 영광을 나타내는 월계관(月桂冠)으로 둘러져 있다.

정부형태	공화국
독립년월일	1821년 9월 15일
상징물	나라꽃-몬하브랑카, 나라새-케투알
화폐단위	케찰(Quetzal), 1달러=6.13케찰(96년6월)
GNP	330억달러(94년)
GNP순위	70위
1인당 GNP	3,030달러(94년)
1인당 GNP순위	95위
기타	대통령-알바로 아르수(임기 4년)

오세아니아

정부형태	자치령
독립년월일	1898년 미국령으로
상징물	
화폐단위	
GNP	
GNP순위	
1인당 GNP	
1인당 GNP순위	
기타	마리아나 제도의 최대의 섬

문장이 아니고 국인(國印)인데, 이것은 국기의 문장과 동일하나 흑백으로 되어 있으며 둘레에 국인(國印)이라는 글이 들어있다.

괌도
(American Guam)

아메리카

정부형태	입헌군주국
독립년월일	1974년 2월 7일
상징물	나라꽃-부겐빌리아
화폐단위	동카리브달러(EC$), 1달러=2.70EC$(96년6월)
GNP	2억 5,800달러(94년)
GNP순위	173위
1인당 GNP	2,750달러(94년)
1인당 GNP순위	100위
기타	원수-영국여왕

중앙의 방패문양은 황금색 십자로 네 칸으로 나뉘고, 그 중앙의 산타 마리아(Santa Maria)호(배)로서, 콜럼부스가 이 나라를 발견하였음을; 황금색 십자는 하느님의 뜻을; 방패 속 좌상과 우하의 사자는 힘과 국가의 위기 때 이를 극복하는 당당한 결의를; 우상과 좌하의 백합꽃은 이 나라가 발견된 이래 마리아에게 바쳐져 온 것과 그녀의 영광 속에 이 섬을 "Conception Island"라고 이름지었던 것을 나타낸다. 방패 앞에는 에탕(Etang) 호수가 있으며, 바나나 나무와 옥수수로서 전통적 농업경제를; 오른쪽 "라미어(Ramier)새와 왼쪽의 아르마지로로 동물상을 표시하며, 맨 밑 두루마리에는 "항상 하나님의 도우심으로 우리는 한 인간으로서 큰 희망을 갖고, 건설하며, 전진(前進)한다"라고 적혀있다.

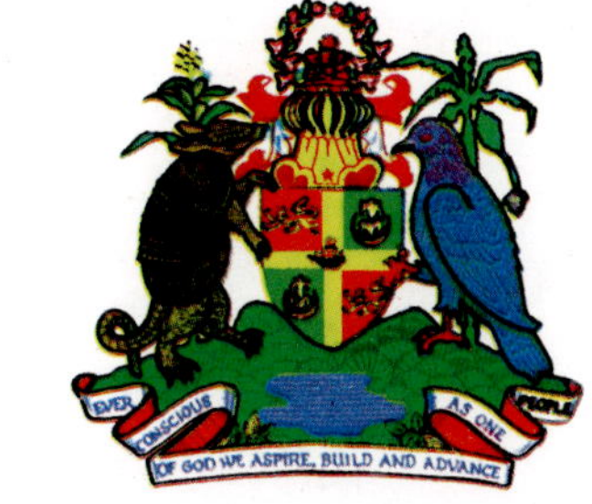
그레나다
(Grenada)

유럽

정부형태	공화국
독립년월일	1991년 4월
상징물	
화폐단위	라리(Lari), 1달러=1.24라리(96년6월)
GNP	60억달러(94년)
GNP순위	126위
1인당 GNP	1,060달러(94년)
1인당 GNP순위	142위
기타	대통령-예두아르드 셰바르드나제(임기 3년)

암적색 원형의 방패에는 그루지아의 수호신이며 그 이름이 시조(始祖)인 성조지(St. George)가 검은 산을 뛰어 넘는 백마를 타고 있다. 그 위에는 황금색 태양, 은색 달, 그리고 5개의 8각 은색 별이 있다. 또한 이 방패의 둘레에는 여러 개의 십자가와, 바깥쪽으로 황색테두리의 같은 색의 7개의 삼각형을 두어 마치 7각 별의 모양을 하고 있다.

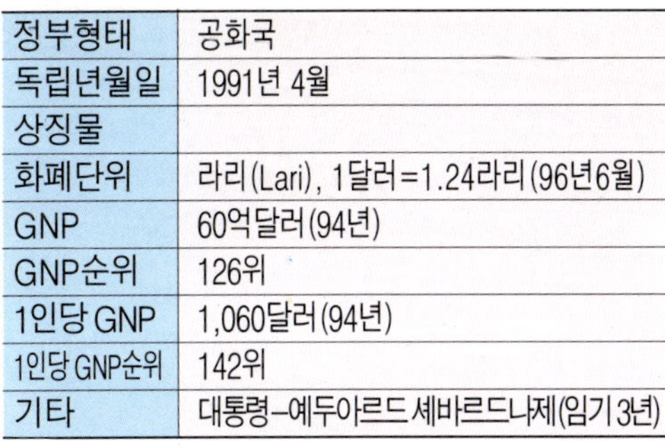
그루지아
(Republic of Georgia)

유럽

정부형태	공화국
독립년월일	1830년 2월 3일
상징물	나라나무-올리브
화폐단위	드라크마(Drachma), 1달러=241드라크마(96년6월)
GNP	937억달러(94년)
GNP순위	44위
1인당 GNP	8,870달러(94년)
1인당 GNP순위	42위
기타	대통령-코스티스 스테파노풀로스(임기 5년)

청색 방패 문양 속에 국기에 있는 백십자를 넣어 이 나라 국민의 기독교에 대한 깊은 신앙심을 나타내고 있으며, 테두리는 월계수의 잎으로 하여 승리를 뜻하고 있다.

그리스
(Hellenic Republic)

아프리카

정부형태	공화국
독립년월일	1958년 10월 2일
상징물	
화폐단위	기프랑스(Franc Guineen), 1달러=997기니프랑(96년6월)
GNP	63억달러(94년)
GNP순위	125위
1인당 GNP	980달러(94년)
1인당 GNP순위	149위
기타	대통령-란사니 콩테(임기 5년)

국장도 국기의 3색을 그대로 사용하고, 각 색채가 상징하는 뜻이 국가의 표어인 "노동, 정의, 단결"이라고 쓴 두루마리로 둘려져 더욱 강조되었다. 올리브나무 가지를 물고 있는 비둘기는 전통적으로 평화의 상징으로서 이 나라가 평화를 목표로 하여 대외정치활동을 하고 있다는 것을 말하며, 코끼리는 이 나라의 여당(與黨)인 민주당의 상징으로 힘을 나타내고 있다고 한다.

기니
(Republic of Guinea)

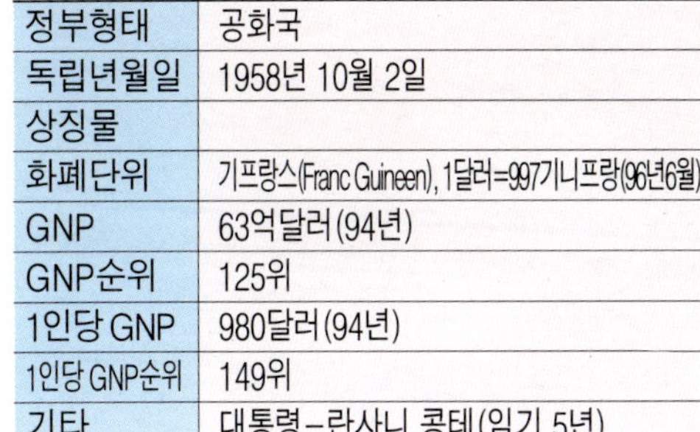

기니비사우
(Republic of Guinea–Bissau)

국장 속의 흑색 별은 독립당의 지도력을 상징하는 것 외에도, 아프리카인 그리고 아프리카의 통합을, 양 옆의 야자나무 잎은 이 나라 경제에서 중요한 역할을 하는 것으로써 번영을, 조개는 이 나라에서 중요한 식품 중의 하나로서 해산물이 풍부하다는 것을 상징하며, 적색의 두루마리에는 "통합, 투쟁, 전진"이라고 쓰여 있으며, 이들 모든 것의 색채는 국기의 것과 동일하게 하였다.

정부형태	공화국
독립년월일	1974년 9월 10일
상징물	
화폐단위	기니페소(Peso), 1달러=18,036(96년6월)
GNP	9억달러(94년)
GNP순위	158위
1인당 GNP	840달러(94년)
1인당 GNP순위	158위
기타	대통령—주앙 베르나르도 비에이라(임기 5년)

나미비아
(Republic of Namibia)

방패문양을 이 나라의 국기로 하여, 나미비아 사막의 모래 속에 굳건히 닻을 내리게 하였으며, 사막바닥에 뿌리 박고 있는 것은 후세까지 살아남을 이 지구상에서 가장 오래된 독특한 식물인 월위치아 미라빌리스(Welwitchia mirabilis)라는 풀이다. 맨 위의 피쉬 이글(fish eagle ; 독수리 종류)은 북방과 이 나라의 수자원을 상징하며, 양쪽에 있는 두 마리의 아프리카 영양은 우아함과 긍지, 그리고 용맹성을 상징한다. 그리고 맨 아래에 있는 두루마리에는 "통합, 자유, 정의"라고 쓰여있다.

정부형태	공화국
독립년월일	1990년 3월 21일
상징물	
화폐단위	나미비아달러, 1달러=4,34나미비아달러(96년6월)
GNP	58억달러(94년)
GNP순위	127위
1인당 GNP	3,600달러(94년)
1인당 GNP순위	82위
기타	대통령–샘 누조마(임기 5년)

나우루
(Republic of Nauru)

국기에 있는 별이 국장에도 표시되어 있으며, 방패 문양을 셋으로 나뉘어 맨 위에는 인(燐)의 화학적(化學的) 상징을 넣어 이 인이 이 나라 국고수입(國庫收入)의 원천(源泉)임을 상징하고 있으며, 좌하(左下)에는 군함(軍艦) 새를, 우하(右下)에는 토마노(Tomano) 나무의 가지를 넣었다. 이 방패문양의 둘레에는 코코야자 나무의 잎으로 테두리를 하였으며, 맨 위에는 이 나라의 국명을, 아래에는 "하느님의 뜻이 우선(優先)"이라고 쓴 두루마리가 있다.

정부형태	공화국
독립년월일	1968년 1월 31일
상징물	
화폐단위	호주달러, 1달러=1,343호주달러(96년6월)
GNP	1억달러(94년)
GNP순위	179위
1인당 GNP	1만달러(94년)
1인당 GNP순위	39위
기타	대통령–킨자 클로두마르(임기 3년)

나이지라아
(Federal Republic of Nigeria)

방패문양이 흑색 바탕에 Y자형의 파도(波濤) 줄(線)로 구성되어 있는데, 이 흑색은 이 나라 국토가 비옥함을, Y자형의 것은 대지를 적시는 나이저(Niger) 강과 베네(Benue) 강이 이 나라에서 합류(合流)됨을 각각 상징하며, 밑에 있는 두루마리에는 "통합과 신뢰(信賴)"라고 쓰여있다.

정부형태	연방공화국
독립년월일	1960년 10월 1일
상징물	
화폐단위	나이라(Naira), 1달러=22나이라(96년6월)
GNP	1,230억달러(94년)
GNP순위	38위
1인당 GNP	1,250달러(94년)
1인당 GNP순위	134위
기타	

남아프리카 공화국
(Republic of South Africa)

중심을 이루는 방패문양은 넷으로 나뉘어 과거 남아프리카 연합을 구성한 4개 지역의 문장을 각각 넣었다. 즉, 좌상의 닻을 잡고 있는 여인은 "희망의 상징"으로서 'Cape of Good Hope' 식민지의 문장이고, 우상의 두 마리 야수는 나탈(Natal) 식민지의, 좌하의 오렌지 나무는 오렌지 자유국의, 그리고 우하의 자동차는 트란스발(Transvaal) 공화국의 문장이다. 양쪽의 동물은 남아프리카 영양(羚羊)과 큰 영양이며, 네 개의 장대를 잡고 있는 사자는 남아프리카의 통일을 뜻하며, 이것은 다시 밑에 있는 두루마리에 라틴어로 쓰여진 "통일은 힘"이라는 글로 강조되어 있다.

정부형태	공화국
독립년월일	1910년 5월 31일
상징물	나라꽃–프로티아
화폐단위	란드(Rand), 1달러=4,34란드(96년6월)
GNP	1,943억달러(94년)
GNP순위	24위
1인당 GNP	4,420달러(94년)
1인당 GNP순위	74위
기타	대통령–넬슨 만델라(임기 5년)

네덜란드

(Kingdom of The Netherlands)

유럽

정부형태	입헌군주국
독립년월일	1814년 3월 30일
상징물	나라꽃-튤립
화폐단위	길더(Guilder), 1달러=1.71길더(96년6월)
GNP	2,760억달러(94년)
GNP순위	20위
1인당 GNP	1만 7,940달러(94년)
1인당 GNP순위	17위
기타	여왕-베아트릭스

왕국이기 때문에 국장과 여왕장(女王章)을 함께 쓰고 있다. 국장 중앙의 왕관 밑에는 방패문양이 있고 그 속에는 검과 화살뭉치(17개의 화살)를 잡고 서 있는 사자가 있는데, 칼은 힘과 승리를, 화살뭉치는 이 나라의 17개 주(州)가 단결하고 입헌체제를 유지함으로써 강력한 힘을 발휘할 수 있다는 것을 각각 상징하고, 이 방패문양은 왕가(王家)의 상징임과 동시에 권위의 표징인 두 마리의 역시 서 있는 사자가 함께 잡고 있으며, 맨 밑의 두루마리에는 "나는 굴복하지 않는다"라는 윌렘공의 서약(誓約)을 적어 넣었다.

네덜란드안틸제도

(Netherlands Antilless)

아메리카

정부형태	네덜란드 자치령
독립년월일	1954년 자치권 획득
상징물	
화폐단위	NAG, 1달러=1.79NAG(94년)
GNP	
GNP순위	
1인당 GNP	
1인당 GNP순위	
기타	베네수엘라 동쪽의 군도

네덜란드의 영토이므로 문장에는 역시 네덜란드의 왕관이 있다. 그 밑에 있는 방패문양에는 국기에도 들어있으며 이 나라를 구성하고 있는 5개의 섬을 상징하는 5개의 청색 5각별이 있고, 국기의 색이며, 네덜란드 국기의 색인 청색에 대응하는 적색을 방패문양의 테두리에 넣었다. 또 아래에 있는 두루마리에는 "이의(異意)없는 자유"라고 쓰여 있다.

네팔

(Kingdom of Nepal)

아시아

정부형태	입헌군주국
독립년월일	1769년 11월 13일
상징물	나라꽃-철쭉, 나라동물-황소
화폐단위	네팔 루피(Rupee), 1달러=56루피(96년6월)
GNP	224억달러(94년)
GNP순위	79위
1인당 GNP	1,060달러(94년)
1인당 GNP순위	141위
기타	국왕-비렌드라 비르 비크람 샤 데브

국장에는 교차된 두 개의 국기 사이에 부처의 두 발자국이 있고, 그 바로 밑에는 세계에 명성을 떨쳤던 구르카 병사가 사용하던 칼이 있다.

아래쪽의 배경은 이 나라의 남부 저지대로부터 북부의 히말라야 산맥에 이르는 국토의 경관을 넣었으며, 양 옆에는 왼편에 달을, 오른 편에는 해가 있다. 그리고 이 배경 안에는 악을 응징한다는 파슈파티 신(神)과 성스러운 소, 새, 석남화(石南花), 활을 들고 있는 농부와 총을 들고 있는 군인이 서 있다.

노르웨이

(Kingdom of Norway)

유럽

정부형태	입헌군주국
독립년월일	1905년 6월 7일
싱징물	
화폐단위	크로네(NKr), 1달러=6.50크로네(96년6월)
GNP	957억달러(94년)
GNP순위	43위
1인당 GNP	2만 2,170달러(94년)
1인당 GNP순위	6위
기타	국왕-하랄드 5세

왕국이기 때문에 왕장(王章)이 있으며, 아울러 이 나라에는 국장도 있다. 왕장에는 왕관 밑에 방패문양 외에 휘장이 부장(副章)과 성 오라후 후장이 들어 있다. 왕장과 국장에 있는 방패문양 속에서 왕관을 쓰고있는 사자가 잡고 있는 도끼는 성렬(聖列)에 들어있는 오라후왕의 개인표징문(個人表徵紋)이다.

뉴질랜드
(New Zealand)

오세아니아

정부형태	입헌군주국
독립년월일	1907년 9월 26일
상징물	나라나무-Silver Fern 나라동물-키위
화폐단위	뉴질랜드달러(NZ $), 1달러=1.46NZ $(96년6월)
GNP	560억달러(94년)
GNP순위	58위
1인당 GNP	1만 6,640달러(94년)
1인당 GNP순위	23위
기타	원수-영국 여왕

넷으로 나뉜 방패문양 중앙에 세로로 백색 띠를 넣어 과거 이곳에 올 때 타고 온 세 척의 범선을 넣었으며, 좌상의 칸에는 남십자성의 성좌를 뜻하는 네 개의 별, 우상에는 한 마리분의 양털을 넣어 목축, 좌하에는 밀 다발을 넣어 농업을, 우하에는 두 개의 광업용 망치를 넣어 광업을 상징케 하였다. 수호자로는, 왼쪽에는 흰옷을 입은 백인 여성이 오른손으로 국기를 잡고 있으며, 왼쪽에서는 고유의상을 입은 마오리(Maori)추장이 오른손으로 타이아하(Taiaha) 창을 잡고 서로 마주보며 서 있다. 맨 위의 왕관은 세인트 에드워드의 왕관이며, 두 수호자의 발 밑에 있는 양치 나무 잎 위에는 국명을 적어 놓은 두루마리가 있다.

니제르
(Republic of Niger)

국장의 중심을 이루는 방패문양 속에는 중앙에 태양이 있고, 오른쪽 위에는 이 나라의 중요 농작물인 수수의 잎을 넣고 아래쪽에는 수우(水牛)의 머리를 넣어 동물을 부려 농사를 짓는다는 것을 표시하여 농업과 경작(耕作)을 상징하고, 왼쪽 위에는 창과, 교차시켜 놓은 투어레그(Tuareg)의 칼을 함께 넣어 이 나라 국민의 조상인 투어레그족의 옛적 대제국(大帝國)을 기념하고 있다. 이 방패문양의 주위에는 양쪽에 두 개씩 짝지워 교차시킨 이 나라의 국기가 있고, 맨 밑에 나라의 이름을 기입한 두루마리가 있다.

정부형태	공화국
독립년월일	1960년 8월 3일
상징물	
화폐단위	CFA프랑, 1달러=515CFA프랑(96년6월)
GNP	46억달러
GNP순위	131위
1인당 GNP	550달러
1인당 GNP순위	175위
기타	

니카라과
(Republic of Nicaragua)

국장은 중앙의 삼각형이 주된 것으로서, 이 삼각형의 3개의 변(邊)은 평등, 진실 및 율법(律法)을 뜻하며, 그 속의 두 대양(大洋) 사이의 가느다란 육지 위에 솟아있는 5개의 녹색 화산은 과거 1823년에서 1839년까지 중앙아메리카 연방을 이루었던 니카라과, 온두라스, 과테말라, 코스타리카 및 엘살바도르의 5개 나라를 나타내고 있다. 이들 화산 위의 하늘에 떠있으며 평화를 뜻하는 무지개 밑에 있는 소위 프리기안 캡(Phrygian cap)은 자유를 뜻하며, 백색 빛살의 후광(後光)을 배경으로 하고 있고, 삼각형의 주위에는 위에는 니카라과 공화국, 아래에는 중앙아메리카라고 쓰여있다.

정부형태	공화국
독립년월일	1838년 4월 30일
상징물	
화폐단위	코르도바(Cordoba), 1달러=8.40코르도바(96년6월)
GNP	64억달러 (94년)
GNP순위	123위
1인당 GNP	1,750달러 (94년)
1인당 GNP순위	122위
기타	대통령-아르놀도 알레만(임기 5년)

대한민국
(Republic of Korea)

국화(國花)인 무궁화를 크게 그린 바탕 중앙에 태극 문양을 넣었으며, 이것을 두른 두루마리의 아래 부분에는 대한민국이라는 한글이 들어있다.

정부형태	공화국
독립년월일	1948년 8월 15일
상징물	나라꽃-무궁화
화폐단위	원
GNP	3,780억 500만달러 (94년)
GNP순위	15위
1인당 GNP	8,508달러 (94년)
1인당 GNP순위	46위
기타	대통령-김대중

덴마크
(Kingdom of Denmark)

황장(皇章; 또는 大國章)과 국장(또는 小國章)이 있다. 황장의 맨 위에는 왕관이 있고, 그 밑에 흰 담비 가죽으로 된 포장이 있으며, 중앙에 방패문양과 이를 잡고 있는 두 미개인이, 그리고 그 밑에는 훈장이 걸려 있다. 방패문양은 단네브로그(Dannebrog)의 십자로 4등분되어, 좌상과 우하에는 똑같이 덴마크의 세 마리 사자가, 우상에는 두 마리 사자가, 좌하에는 이를 또 셋으로 나눠 위에는 세 개의 금관을, 좌하에는 거세하지 않는 숫양을, 우하에는 북극곰을 넣었다. 두 미개인은 방망이를 들고 머리와 대퇴부에 화환(花環)을 둘렀다. 그리고 훈장은 "Elephant and Dannebrog" 훈장이다.

정부형태	입헌군주국
독립년월일	약 800년경
상징물	나라꽃-수련, 나라새-종달새
화폐단위	덴마크 크로네(DKr), 1달러=5.87크로네(96년6월)
GNP	1,030억달러 (94년)
GNP순위	40위
1인당 GNP	1만 9,860달러 (94년)
1인당 GNP순위	12위
기타	여왕-마르그레테 2세

도미니카공화국
(Dominican Republic)

국기로 바탕을 한 방패문양 위에 두 개씩 교차시킨 네 개의 국기와 역시 교차시킨 두 개의 창이 있으며, 이것들의 교차되어 있는 부분에 "요한복음 1장"을 펼쳐놓은 성경책과 그 위에 황금색 십자가가 있어서 노예로부터의 해방을 뜻하고 있다. 또 이 방패문양의 오른쪽엔 야자나무 잎을, 왼쪽엔 월계수 나무잎을 둘러 불멸의 영광을 상징하게 하였으며, 위에는 국기색인 청색두루마리로, 아래는 적색 두루마리로 장식하여, 위의 리본에는 나라의 모토인 "신, 조국, 자유"를, 아래에는 이 나라의 국명을 적어 놓았다.

정부형태	공화국
독립년월일	1844년 2월 27일
상징물	나라나무-마호가니
화폐단위	페소(Peso), 1달러=13.96페소(96년6월)
GNP	240억달러 (94년)
GNP순위	74위
1인당 GNP	3,070달러 (94년)
1인당 GNP순위	92위
기타	대통령-레오넬 페르난데스 레이나(임기 4년)

정부형태	공화국
독립년월일	1978년 11월 3일
상징물	나라새-황제앵무새
화폐단위	동카리브달러(EC $), 1달러=2.70EC $(96년6월)
GNP	2억달러(94년)
GNP순위	177위
1인당 GNP	2,260달러(94년)
1인당 GNP순위	110위
기타	대통령-크리스핀 소라인도(임기 5년)

도미니카연방
(Commonwealth of Dominica)

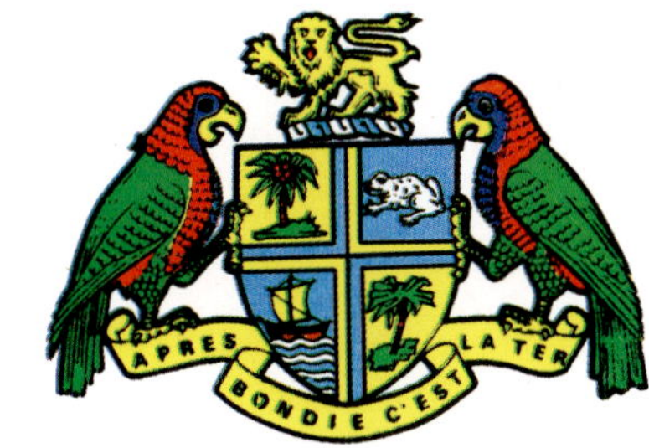

방패문양을 십자로 4등분하여, 좌상에는 코코낫 야자 나무를, 우상에는 이 나라에 살고있는 두꺼비를, 좌하에는 카리브 카누(배)를, 그리고 우하에는 바나나 나무를 넣어 이 나라의 동식물상(動植物相)과 지리학적 위치를 표시하였다. 방패문양을 잡고 있는 새는 역시 황제앵무새(Sisserou)이며, 위의 사자는 돌산 위에 있는 영국 사자이고, 맨 밑의 두루마리에는 "하나님 다음으로 우리는 이 땅을 사랑한다"라는 뜻의 글을 방언으로 적어 놓았다.

정부형태	연방공화국
독립년월일	1955년 5월 5일 (1949.10.7)
상징물	
화폐단위	마르크(Mask), 1달러=1.53마르크(96년6월)
GNP	1조 3,400억달러(94년)
GNP순위	5위
1인당 GNP	1만 6,580달러(94년)
1인당 GNP순위	24위
기타	대통령-로만 헤어초크

독일연방공화국
(Federal Republic of Germany)

황색바탕의 방패문양 속에 검은 독수리가 들어있다. 이 독수리의 문장은 과거에 다소의 변화가 있었으나 독일연방공화국은 1950년 1월 20일, 다시 옛 와이마르공화국의 문장으로 복귀시켜 지금의 것으로 되었다.

정부형태	인민공화국
독립년월일	1953년 10월 23일
상징물	
화폐단위	키프(Kip), 1달러=920키프(96년6월)
GNP	40억달러(94년)
GNP순위	139위
1인당 GNP	850달러(94년)
1인당 GNP순위	157위
기타	대통령-누하크 품사반(임기 5년)

라오스
(Lao People's Democratic Republic)

금빛 별은 힘과 번영을, 낫과 망치는 노동을, 댐은 문명국임을, 삼림과 전답은 농업을, 톱니바퀴는 공업을 각각 나타내고 있으며, 벼이삭단을 묶은 적색 리본에는 좌측에 평화, 독립, 민주주의를, 우측에는 통일, 번영이라는 말이 각각 적혀있다. 또 맨 밑에는 이 나라의 국명을 적어 넣었다.

정부형태	공화국
독립년월일	1847년 7월 26일
상징물	나라나무-후추나무
화폐단위	라이베리아달러(L$),1달러=等價(96년6월)
GNP	23억달러(93년)
GNP순위	150위
1인당 GNP	770달러(93년)
1인당 GNP순위	162위
기타	국가평의회의장-루스 페리

라이베리아
(Republic of Liberia)

국장의 중심을 이루는 방패문양 속에는 위에 두루마리를 물고 하늘을 나는 비둘기가 있어서 이 나라가 세계에 전하는 평화와 우호(友好)의 메시지를, 떠오르는 태양과 육지에 다가오고 있는 범선(帆船)은 신생국가의 탄생을, 쟁기와 팽이는 국가경제가 농업을 기반으로 하여 성립되었음을, 그리고 야자나무는 비옥(肥沃)한 국토를 각각 상징하고 있다. 또한 위의 두루마리에는 "자유를 사랑함이 우리를 이곳에 데려 왔노라"라고, 또 아래의 것에는 국명이 적혀있다.

정부형태	공화국
독립년월일	1991년 1월
상징물	
화폐단위	라트, 1달러=0.55라트
GNP	123억 달러(94년)
GNP순위	103위
1인당 GNP	4,480달러(94년)
1인당 GNP순위	73위
기타	대통령-군티스 울 마니스(임기 3년)

라트비아
(Republic of Latvia)

중앙의 방패문양은 수평으로 둘로 나뉘고, 위쪽에는 청색 바탕에 떠오르는 황금색 태양이; 아래쪽 칸은 다시 세로로 둘로 나뉘어 좌측에는 은색바탕에 적색 사자가 있는 Courland-Semigallia의 문장이, 우측의 적색바탕에 칼을 잡고 있는 것은 은색 griffin으로 Livonia-Lettgallia의 문장이다. 이 두 문장은 방패문양 양쪽의 수호자로 다시 나타나고, 이들은 함께 국기색의 리본을 두룬 떡갈나무의 가지 위에 서 있다. 그리고 맨 위 장식인 세 개의 황금색 별은 Courland, Linovia, 그리고 Lettgallia의 종교를 상징한다고 한다.

러시아

(Russia)

쌍두독수리는 제정러시아 문장을 약간 변형시킨 것으로 러시아 전통의 계승과 중앙권력의 권위(權威)를 상징하며 3개의 왕관은 행정, 입법, 사법권, 발톱의 홀(笏)과 구(球)는 주권수호(主權守護) 의지와 국가의 통일성, 모스크바공국 초기 문장인 중앙의 기사 방패는 악과의 투쟁과 모스크바의 중요성을 각각 상징한다.

정부형태	연방 정부
독립년월일	
상징물	
화폐단위	루블(Rouble), 1달러=5,050루블(96년6월)
GNP	7,212억달러(94년)
GNP순위	11위
1인당 GNP	4,820달러(94년)
1인당 GNP순위	70위
기타	대통령-보리스 옐친(임기 4년)

레바논

(Republlc of Lebanon)

방패문양 속에 국기의 적, 백, 적의 줄무늬를 사선(斜線)으로 넣고 가운데엔 삼나무(杉)를 넣었다. 그리고 아래 부분의 양 쪽 두루마리에는 국명이 적혀있다.

정부형태	공화국
독립년월일	1941년 11월 26일
상징물	
화폐단위	레바논파운드(Pound), 1달러=1,569레바논파운드(96년6월)
GNP	158억달러(94년)
GNP순위	93위
1인당 GNP	4,360달러(94년)
1인당 GNP순위	75위
기타	대통령-엘리아스 흐라위(임기 6년)

레소토

(Kingdom of Lesotho)

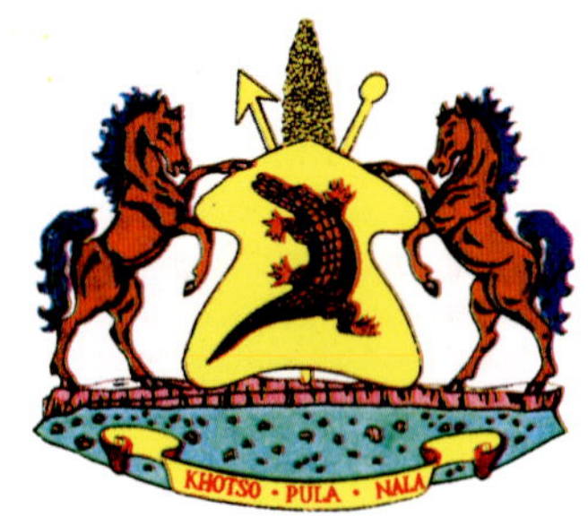

악어가 들어있는 방패와 그 뒤에 있는 투창 및 투봉은 국기의 것과 같으며, 두 마리의 말이 수호자(守護者)의 역할을 하고있고, 방패 밑에 있는 것은 "밤(夜)의 산"이란 뜻을 가진 다바 보쉬(Thaba Bosiu) 산으로서, 이곳은 모슈슈 1세가 새로운 조국에서 처음으로 국민을 모아 집회를 가졌던 곳이며, 또한 1870년에 자기자신이 묻힌 곳이기도 하다. 맨 밑의 두루마리에는 이 나라의 표어인 "평화, 비, 부유(富裕)"라고 적혀있다.

정부형태	왕국
독립년월일	1966년 10월 4일
상징물	
화폐단위	말로티(Maloti), 1달러=4.34마로티(96년6월)
GNP	26억달러(94년)
GNP순위	147위
1인당 GNP	1,340달러(94년)
1인당 GNP순위	130위
기타	국왕-레치 3세

루마니아

(Romania)

하늘색 바탕의 큰 방패 속에 황금색 독수리가 입에 동방 정교회(正敎會)의 십자가를 물고, 오른쪽 발에는 칼을, 왼쪽 발에는 권장(權杖)을 잡고 있으며, 가슴 부위에 있는 작은 방패문양은 다섯으로 나뉘어, 오른쪽 위로부터 시계방향으로 Wallachia, Moldavia, Dobrudia, Banat와 Oltenia, 그리고 Maramures와 Crisana Lands와 함께 Transylvania 등 역사적인 각 주의 문장이 각각 들어있다.

정부형태	공화국
독립년월일	1877년 5월 21일
상징물	나라꽃-장미(도크로즈)
화폐단위	레이(lei), 1달러=3,029레이(96년6월)
GNP	647억달러(94년)
GNP순위	52위
1인당 GNP	2,790달러(94년)
1인당 GNP순위	98위
기타	대통령-에밀 콘스탄티네스쿠(임기 4년)

룩셈부르크

(Grand Duchy of Luxembourg)

이 나라도 왕국이므로 대국장(大國章)과 소국장(小國章)이 있다. 그림의 대국장은 왕관 밑에 흰 담비 가죽으로 된 포장 안에 다시 왕관 밑에 전형적인 청색 줄무늬가 있는 은받침 위의 적색 사자의 방패문양이 있다. 이 방패문양은 떡갈나무훈장(冠勳章)으로 둘러졌고, 다시 이 방패문양을 왕관을 쓴 두 마리의 사자가 함께 잡고 있다. 소국장은 왕관과 그 밑에 룩셈부르크 가문의 하인리히 6세의 문장이 들어있는 방패문양으로 이루어져 있다.

정부형태	입헌군주국
독립년월일	1867년 5월 10일
상징물	나라꽃-장미
화폐단위	룩셈부르크 프랑(LF), 1달러=31.35프랑(96년6월)
GNP	92억달러(94년)
GNP순위	113위
1인당 GNP	2만 2,830달러(94년)
1인당 GNP순위	3위
기타	원수-대공 장

아프리카	
정부형태	공화국
독립년월일	1962년 7월 1일
상징물	
화폐단위	르완다프랑(RF), 1달러=220RF(96년6월)
GNP	79억달러(93년)
GNP순위	116위
1인당 GNP	950달러(94년)
1인당 GNP순위	150위
기타	대통령-파스퇴르 비지뭉구(임기 5년)

국장에 있는 비둘기는 맨 밑에 있는 올리브나무 가지와 함께 평화를, 백색 방패문양 속의 삼각형 안에 있는 괭이와 낫은 이 나라가 농업국임을, 활과 화살은 민주주의의 자유를 방어한다는 것을 각각 상징하며, 위에는 이 나라의 국명을, 아래쪽에는 국가의 표어(標語)인 "자유, 협력, 발전"이라는 글이 적혀있고, 배경에는 두 개의 국기를 교차시켜 놓았다.

아프리카	
정부형태	사회주의국
독립년월일	1951년 12월 24일
상징물	
화폐단위	리비아디나르(LD), 1달러=0.357LD(96년6월)
GNP	329억달러(94년)
GNP순위	71위
1인당 GNP	6,510달러(94년)
1인당 GNP순위	55위
기타	최고지도자-무아마트 알 카다피

이 나라의 국장은 이 나라가 과거 아랍공화국연방이였을 때의 문장과 흡사하며, 이 새는 마호멧의 출신부족인 쿼라쉬(Quraish)족(族)의 토템인 매로서, 그의 온 몸은 녹색으로 하였고, 가슴은 방패 모양으로 하였으며, 발로 잡고 있는 두루마리에는 아랍글자로 이 나라의 이름을 적어넣었다.

유럽	
정부형태	공화국
독립년월일	1991년 9월 재독립
상징물	
화폐단위	리타스(Litas), 1달러=4.00리타스(96년6월)
GNP	135억달러(94년)
GNP순위	99위
1인당 GNP	3,500달러(94년)
1인당 GNP순위	83위
기타	대통령-알기르다스 브라지우스카스

적색바탕의 방패문양 안에 비티스(Vytis)라 불리는 말을 탄 백색의 기사(騎士)가 있다. 이 기사는 그의 사촌인 폴란드의 발디스로우(Wladislaw) 2세왕을 도와 1410년 타넨버그(Tannenberg) 전투에서 테토믹 나이츠(Teutomic Knights)에게 크게 승리한 그랜드 두크 비타티스(Grand Duke Vytautis)를 상기 시킨다. 그리하여 이것이 독일로부터의 위협에 저항하는 상징으로 되어 이 나라의 국장으로 된 것이다.

유럽	
정부형태	입헌군주국
독립년월일	1806년 7월 12일
상징물	
화폐단위	스위스 프랑
GNP	6억 3,000만달러(94년)
GNP순위	160위
1인당 GNP	2만 300달러
1인당 GNP순위	10위
기타	원수-대공 한스 아담 2세

이 나라의 국장은 대공장(大公章)이라고도 부르며, 대공의 문장인 국장 속의 방패문양은 왕관을 표시하였을 때 약식국장(略式國章)의 역할도 한다. 국장은 왕관과 포장에 둘려진 방패문양으로 이루어져 있는데, 이 방패문양은 4등분하여 차례로 시레젠, 큐링가(家), 토로포, 동(東)프리지아·리트베르크의 각 문장을 넣어 이 나라를 통치하고 있는 대공가(大公家)의 혈통을 나타내고 있다. 그리고 방패문양 속의 맨 밑에 있는 것은 예게룬도르프의 수렵용 뿔피리이다.

아프리카	
정부형태	공화국
독립년월일	1960년 6월 26일
상징물	나라나무-나그네나무
화폐단위	마다가스카르프랑(FMG), 1달러=3,800FMG(96년6월)
GNP	106억달러(94년)
GNP순위	108위
1인당 GNP	790달러(94년)
1인당 GNP순위	161위
기타	대통령-디디에 라치라카(임기 5년)

원형의 적색 바탕에 곡물(穀物)의 이삭단으로 테두리를 한 이 나라의 국장에는 중앙에 떠오르는 태양과 바다를 표시하였고, 그 위에 국방을 상징하는 무기와 공업을 상징하는 톱니바퀴를 넣었으며, 적색바탕의 윗쪽에, 이 나라의 국명을 밑에 있는 두루마리에는 이 나라의 모토인 "조국, 혁명, 자유"라는 글을 적어 넣었다

말라위
(Republic of Malawi)

중앙의 방패문양은 세 칸으로 나뉘어, 맨 위에는 파도 무늬를 넣어 이 나라의 나사(Nyasa)호(湖)를, 가운데 칸의 사자는 이 나라가 영연방(英聯邦)의 일원임을, 아래 칸의 태양은 과거 이 나라가 나사랜드(Nyasaland)이었을 당시의 문장에 있던 것을, 위에 있는 독수리와 사자, 그리고 독범은 이 나라에 서식하고 있는 동물로서 이 나라의 동물상(動物相)을, 방패문양이 얹혀있는 산은 이 나라에서 제일 높은 믈란재(Mlanje)산을 각각 상징하고 있으며, 독수리 뒤에도 떠오르는 태양이 있고 맨 밑의 두루마리에는 "통합과 자유"라는 모토가 적혀있다.

정부형태	공화국
독립년월일	1964년 7월 6일
상징물	
화폐단위	
GNP	23억달러(94년)
GNP순위	151위
1인당 GNP	750달러(94년)
1인당 GNP순위	163위
기타	대통령-바킬리 물루지(임기 5년)

말레이시아
(Malaysia)

맨 위에는 해와 달이 있고, 양쪽에서 호랑이가 잡고 있는 방패문양 안에는 위쪽에 5개의 칼이 들어 있다. 이 칼은 말레이 전사(戰士)가 옛부터 사용하였던 크리스 단검으로서 5개의 주를 뜻하며, 그 밑에 나머지 9개의 주(州)와 지구(地區)의 문양이 들어 있다. 그리고 맨 밑의 두루마리에는 "단결은 힘이다"라는 표어가 적혀있다.

정부형태	연방입헌군주국
독립년월일	1957년 8월31일
상징물	나라꽃-불두화
화폐단위	링기트(Ringgit), 1달러=2.490(96년6월)
GNP	1,670억달러(94년)
GNP순위	31위
1인당 GNP	8,650달러(94년)
1인당 GNP순위	44위
기타	국왕-압돌 라만

말리
(Republic of Mali)

이 나라의 국장은 원형으로, 중앙의 적색 바탕에는 평화를 상징하는 비둘기와 과거 중세(中世) 때 말리제국 시대에 번영하였던 상업과 문화의 중심지였던 '딘부구도우' 등의 성채도시(城砦都市)를 묘사(描寫)하는 건물, 그리고 국방을 상징하는 두 개의 활과 떠오르는 태양이 들어 있다. 테두리의 윗쪽에는 이 나라의 국명을, 아래쪽에는 국가의 표어(標語)인 "하나의 국민, 하나의 목표, 하나의 신조(信條)"라는 글이 적혀있다.

정부형태	공화국
독립년월일	1960년 9월 22일
상징물	
화폐단위	CFA프랑, 1달러=515CFA프랑(96년6월)
GNP	54억달러(94년)
GNP순위	130위
1인당 GNP	600달러(94년)
1인당 GNP순위	173위
기타	대통령-알파 우마르 코나레(임기 5년)

멕시코
(United Mexican States)

이 나라의 국장은 갈색 독수리가 호수 가운데 있는 섬에서 자라고 있는 선인장(nopal;仙人掌) 위에 서서 녹색뱀을 부리로 물고 있으며, 그 밑에는 국기색의 리본으로 묶어 반원형(半圓形)으로 한 떡갈나무 가지와 월계수(月桂樹) 나무 가지가 있다. 이러한 문양은 다음과 같은 옛 아즈테카(Aztec)의 전설을 말하고 있다. 즉 그 옛날 방황하고 있던 인디안들이 위와 같은 광경을 목도한 호수 가운데 있는 한 섬에 정착하게 되었는데, 이곳이 텍스코코(Texcoco) 호수 속에 있는 테노티틀란(Tenochtitlan)으로 오늘날의 바로 멕시코 시인 것이며, 때는 1325년 경의 일이라고 한다.

정부형태	연방공화국
독립년월일	1810년 9월 16일
상징물	나라꽃-달리아
화폐단위	페소(Peso), 1달러=7.68페소(96년6월)
GNP	7,290억달러(94년)
GNP순위	10위
1인당 GNP	7,900달러(94년)
1인당 GNP순위	49위
기타	대통령-에르네스토 세디요(임기 6년)

모나코
(Monaco)

이 나라에서는 국장이라 하지 않고 대공장(大公章)이라고 하는데, 왕관 밑에 포장이 있으며, 중심부에 백색 바탕에 15개의 적색 마름모가 들어있는 방패를 양쪽에서 잡고 칼을 들고 있는 두 성직자(聖職者)가 있다. 두 사람의 성직자는, 지금도 이 나라를 다스리고 있는 그리말디 왕가의 초대선조(初代先祖)들을 뜻하며, 맨 밑의 리본에 있는 "신의 도움으로"라는 뜻의 "Deo Juvante"라는 말이 적혀 있다. 그리고 방패문양을 두루고 있는 것은 성(聖) 샤를르 훈장이다.

정부형태	입헌군주국
독립년월일	1861년 2월 2일
상징물	나라꽃-카네이션
화폐단위	프랑스 프랑,1달러=4,8980프랑스 프랑(96년6월)
GNP	5억 5,800만달러(93년)
GNP순위	163위
1인당 GNP	1만 7,440달러
1인당 GNP순위	19위
기타	원수-대공 레니에 3세

정부형태	입헌군주국
독립년월일	1956년 3월 2일
상징물	나라꽃-장미
화폐단위	디르함(Dirham), 1달러=8.75디르함(96년6월)
GNP	875억달러(94년)
GNP순위	45위
1인당 GNP	3,060달러(94년)
1인당 GNP순위	93위
기타	국왕-물레이 하산 2세

모로코
(Kingdom of Morocco)

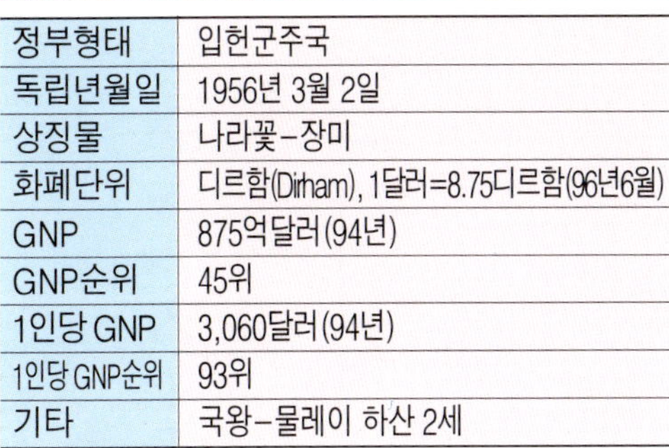

왕국이므로 국장이 아니고 왕장으로, 왕장의 중앙에는 역시 적색 바탕에 솔로몬의 문장이 있으며, 그 뒤에 보이는 것은 이 나라의 북부에 있는 아틀라스(Atlas)산맥이고, 다시 그 위에 떠오르는 태양이 있다. 왕장의 맨 위에는 왕국 답게 왕관이 들어 있으며, 수호자(守護者)로서 두 마리의 사자와 맨 밑에 "신(神)을 돕는 자를 신은 돕는다"라는 코란에서 인용한 글을 적은 두루마리가 들어 있다.

아프리카

정부형태	공화국
독립년월일	1968년 3월 12일
상징물	
화폐단위	모리셔스루피(MR), 1달러=20.02 MR(96년6월)
GNP	93억달러(94년)
GNP순위	112위
1인당 GNP	8,600달러(94년)
1인당 GNP순위	45위
기타	대통령-카삼 우팀(임기 5년)

모리셔스
(Republic of Mauritius)

중앙의 방패문양이 넷으로 나뉘어 좌상(左上)에는 범선(帆船)을 넣어 외국으로부터의 이민(移民)을, 우상(右上)에는 세 그루의 야자수 나무를 넣어 열대성의 식물상(植物相)을, 좌하(左下)에는 열쇠를 넣어 이곳의 중요한 전략적 위치(戰略的位置)를, 그리고 우하(右下)에는 별과 별빛을 넣어 인도양의 별임을 각각 상징하고 있으며, 양쪽에 있는 수호자(守護者)는 좌측에 과거에 이 곳에서만 서식하였다는 도우도우 새가, 우측에서는 삼바(sambar)사슴이 각각 사탕수수와 방패를 함께 잡고 있다. 맨 밑의 두루마리에 있는 라틴문자의 글은 "인도양의 별과 열쇠"라는 것으로서, 전술한 바와 같이 이 나라의 중요한 위치 등을 나타내는 나라의 모토이다.

아프리카

정부형태	공화국
독립년월일	1960년 11월 28일
상징물	
화폐단위	우기야, 1달러=137우기야(96년6월)
GNP	24억달러(94년)
GNP순위	149위
1인당 GNP	1,110달러(94년)
1인당 GNP순위	139위
기타	대통령-마우야울드시디 아메드타야(임기6년)

모리타니
(Islamic Republic of Mauritania)

이 나라에는 아직 국장이 없고 국인(國人)만이 있으며, 원형의 국인 중앙에는 국기에서와 같이 회교의 상징인 별과 초승달이 있고, 그 위에 야자나무와 수수가 들어 있다. 그리고 주위의 둘레에는 이 나라의 두 가지 공용어인 아랍어와 프랑스어로 국명을 써 넣었다. 이 국인의 뒷면에는 "모리타니 국민의 이름으로" 또 "명예, 우애, 정의"라는 표어(標語)가 야자나무와 올리브 나무 가지의 테두리 속에 들어 있다.

아프리카

정부형태	공화국
독립년월일	1975년 6월 25일
상징물	
화폐단위	메티칼(Motical), 1달러=11.140메디길(96년6월)
GNP	160억달러(94년)
GNP순위	92위
1인당 GNP	610달러(94년)
1인당 GNP순위	172위
기타	대통령-조기킴 치사노(임기 5년)

모잠비크
(Republic of Mozambique)

원형으로 된 국장은 하나의 큰 톱니바퀴를 배경으로 하였는데, 이것은 노동자와 공업제품을, 그 앞의 떠오르는 태양은 이 나라가 신생국인 것과 발전한다는 것을 각각 상징하며, 그 위에 얹혀있는 책과 괭이, 그리고 총은 국기의 것과 같은 뜻이고, 이들은 국토를 상징하는 녹색대지(臺地) 위에 있다. 또 대지 앞에는 대서양을 뜻하는 바다가 있고, 농업과 국가경제에 중요한 농산물임을 상징하는 사탕수수와 옥수수로 테두리를 하여, 이것을 두룬 적색 리본의 중앙에 국명을 기입하였으며, 맨 위에는 5각의 적색 별을 넣어 국제주의를 상징하고 있다.

정부형태	영국령
독립년월일	1783년 영국령으로
상징물	
화폐단위	
GNP	
GNP순위	
1인당 GNP	
1인당 GNP순위	
기타	서인도 제도 남부에 있는 화산섬

몬트세라트
(Montserrat)

단순한 디자인의 청색 방패문양 속에 땅을 나타내는 갈색 바닥 위에 녹색 옷을 입은 여인이 예수 고난(苦難)의 십자가를 오른손으로 잡고 왼손으로는 땅 위에 놓인 하프(harp)를 잡고 있다. 이 섬은 아일랜드인들이 17세기 초에 이민을 오기 시작한 것 때문에 문장 안에 아일랜드의 상징인 하프가 들어 있는 것으로 생각된다.

몰다비아

(Republic of Moldova)

국장의 독수리 역시 루마니아의 문장에서 따 온 것으로, 방패문양은 전통적 몰다비아의 색채인 적색과 청색으로 나뉘고 독수리는 황색으로 하였다. 방패 속의 문장은 각 지방을 나타내는 것으로 태양, 달, 그리고 구름이 있으며, 숫소의 머리는 몰다비아의 주된 문장으로 힘의 상징이다.

정부형태	
독립년월일	
상징물	
화폐단위	레이(Lei), 1달러=4.58레이(96년6월)
GNP	119억달러(94년)
GNP순위	106위
1인당 GNP	2,670달러(94년)
1인당 GNP순위	101위
기타	대통령–페트루 루친스키(임기 4년)

몰디브

(Republic of Maldives)

야자나무 밑에 별과 초승달이 있고, 그 양쪽에 두 개의 국기를 교차시켰으며, 밑에 있는 두루마리에는 국명을 아랍 글자로 써 놓았다.

정부형태	공화국
독립년월일	1965년 7월 26일
상징물	
화폐단위	루피야(Rufiyaa), 1달러=11.77루피야(96년6월)
GNP	3억 6,000만달러(93년)
GNP순위	171위
1인당 GNP	1,500달러(93년)
1인당 GNP순위	126위
기타	대통령–마우문 압둘 가윰(임기 5년)

몰타

(Republic of Malta)

국장의 중심을 이루는 것은 이 나라의 국기를 문장화(紋章化)한 방패이며, 그 위에는 몰타의 요새(要塞)와 도시국가(都市國家)를 뜻하는 출격구(出擊口)와 8개(보이는 것은 5개지만)의 포탑(砲塔)이 있는 황금색의 벽(壁) 모양으로 된 관(冠)이 있다. 방패 주위에는 평화의 상징이며 전통적으로 이 나라와 관련이 있는 올리브 나무가지를 왼쪽에, 오른쪽엔 야자수 잎으로 화관(花冠)을 이루게 하였고, 이 화관을 맨 백색 리본에는 이 나라의 국명이 몰타어로 적혀있다.

정부형태	공화국
독립년월일	1964년 9월 21일
상징물	
화폐단위	몰타 리라(LM), 1달러=0.350LM(96년6월)
GNP	39억달러(94년)
GNP순위	140위
1인당 GNP	1만 540달러
1인당 GNP순위	36위
기타	대통령–우고 피프수드 보니치(임기 5년)

몽골

(Mongolian People's Republic)

원형(圓形)의 국장 바탕에는 연꽃 받침을 두었고, 영원하다는 투맨 핫산(Tumen Hasan) 문양으로 둘레를 둘렀다. 중앙의 바탕은 청색으로 하여 몽골인들이 전통적으로 신성시하는 영원불변의 맑은 하늘을 뜻하게 하였고; 고귀(高貴)한 말과 국기에도 들어있는 "소욤보"를 넣어 독립, 주권(主權)과 몽골의 정신을; 맨 위에는 세 개의 귀중한 보석을 넣어 과거, 현재와 미래를; 아래쪽에는 위엄과 존경을 상징하는 스카프를 감은 수레바퀴를 두어 지속적인 번영을, 그 배경에는 "어머니 땅"을 덮고 있는 언덕 모양을 표시하였다.

정부형태	인민공화국
독립년월일	1921년 3월 13일
상징물	
화폐단위	투르릭(Tugrik) 1달러=467.0투르릭(96년6월)
GNP	44억달러(94년)
GNP순위	136위
1인당 GNP	1,800달러(94년)
1인당 GNP순위	120위
기타	대통령–푼살마긴 오치루바트(임기 4년)

미국

(United States of America)

독립 당시의 13개 주의 13이란 숫자는 국장 중의 13개의 별과 나라새(國鳥)인 흰머리 독수리가 잡고 있는 13개의 화살, 그리고 독수리 가슴부분의 방패문양에도 13개의 줄무늬로서 표시되어 있다. 독수리가 부리로 물고 있는 두루마리에 써 있는 "다수 중의 하나"라는 표어는 이 나라가 연방정부임을, 방패문양 위쪽의 청색은 13개 주가 합중국을 결성할 당시의 헌법에 의하여, 최고의 국가기관으로 규정한 의회의 상징이다. 그리고 독수리가 잡고 있는 화살과 올리브 나무 가지는 의회가 평화와 전쟁을 결단하는 기능을 갖는 것을 분명히 하고 있는 것이라고 한다.

정부형태	연방공화국
독립년월일	1776년 7월 4일
상징물	나라새–아메리카 흰머리 독수리
화폐단위	US달러, 1달러=860원(97년3월)
GNP	6조7,384억달러(94년)
GNP순위	1위
1인당 GNP	2만 5,860달러(94년)
1인당 GNP순위	2위
기타	대통령–빌 클린턴(임기 4년)

정부형태	미국령
독립년월일	1917년에 미국령으로 편입
상징물	
화폐단위	미국 달러
GNP	
GNP순위	
1인당 GNP	
1인당 GNP순위	
기타	지사 로이 슈나이터 (임기 4년)

문장은 없고 국인이 있을 뿐이다.

미국령버진제도
(Virgin Islands of the United States)

정부형태	미국령
독립년월일	1922년 미국령으로 편입
상징물	
화폐단위	미국 달러
GNP	
GNP순위	
1인당 GNP	
1인당 GNP순위	
기타	민선 지사-루탈리

문장은 없고 국인이 있을 뿐이다.

미국령 사모아
(American Samoa)

정부형태	공화국
독립년월일	1948년 1월 4일
상징물	
화폐단위	챠트(Kyiat), 1달러=5.920챠트(96년6월)
GNP	410억달러 (94년)
GNP순위	65위
1인당 GNP	930달러 (94년)
1인당 GNP순위	151위
기타	

국장을 둘러싸고 있는 것은 신화에 나오는 두 마리의 사자로서, 이 사자상은 지혜, 용기와 힘, 그리고 힘을 사용할 때의 순수성과 균형을 상징하는 것으로 생각한다고 한다. 사자상 밑의 두루마리에는 나라의 정식명칭을 적었고 국장의 중앙에는 이 나라의 지도와 공업을 뜻하는 톱니바퀴, 그리고 농업을 뜻하는 두 줄기의 벼가 둘러져 있다.

미안마
(Union of Myanmar)

정부형태	군주국
독립년월일	1971년 8월 15일
상징물	
화폐단위	바레인디나르(RD), 1달러=0.38BD(96년6월)
GNP	71억달러 (94년)
GNP순위	120위
1인당 GNP	7,500달러 (94년)
1인당 GNP순위	50위
기타	국왕-이사 빈 술만 알 할라파

방패문양 안에 국기를 세로로 넣었고 꽃술로서 방패문양 주위를 장식하였다.

바레인
(State of Bahrain)

정부형태	입헌군주국
독립년월일	1966년 11월 30일
상징물	
화폐단위	바베이도스달러(Bd$), 1달러=2.01Bd$(96년6월)
GNP	24억달러 (94년)
GNP순위	148위
1인당 GNP	9,200달러 (94년)
1인당 GNP순위	41위
기타	원수-영국 여왕

중앙의 방패문양 속에는 무화과 나무와 그 위쪽에 이것 때문에 이 나라 이름이 붙여진 두 송이의 유도화(柳桃花)가 있다. 방패문양 위의 장식에는 투구와 이 나라의 중요 농산물인 사탕수수를 잡고 있는 사람의 팔이 있으며, 방패문양의 양 옆에는 펠리칸 새와 도식화(圖式化)한 돌고래가 이를 잡고 있고, 맨 밑의 두루마리에는 "자존심과 근면(勤勉)"이란 글이 적혀 있다.

바베이도스
(Barbados)

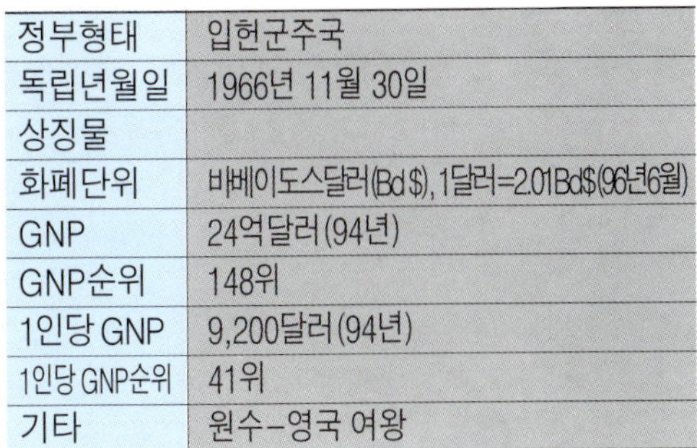

바티칸
(Vatican City State)

바티칸의 국장은 X자로 교체된 두개의 열쇠가 있고 그 위에 교황의 삼중관(三重冠)이 있다. 열쇠들은 신약성경 마태복음 16장19절의 "나는 너희에게 하늘나라의 열쇠를 주리라"라고 하신 말씀을 뜻하는 것으로서, 은(銀)을 뜻하는 백색은 하늘나라를 열도록 허락되고 위임된 힘을, 황금을 뜻하는 황색은 이와는 반대로 제한되고 구속된 힘을, 그리고 열쇠들을 함께 묶은 적색 끈은 이들 힘이 함께 뭉쳐 있음을 증명하고 있다. 그리고 백색과 황색으로된 교황의 삼중관은 교사(教師)이며, 성직자(聖職者)이고 또한 목자(牧者)인 교황의 삼중(三重)의 직무(職務)를 나타낸다고 한다.

정부형태	교황주권
독립년월일	
상징물	산피에트로 대성당
화폐단위	바티칸 리라(Lira), 이탈리아 리라와 등가.
GNP	
GNP순위	
1인당 GNP	
1인당 GNP순위	
기타	

바하마
(The Commonwealth of The Bahamas)

바다를 나타내는 청·백의 파도무늬 위에 있는 범선은 콜럼부스가 타고 있었던 산타 마리아(Santa Maria)호를 뜻하며, 그 위의 태양은 이 나라의 좋은 기후와 밝은 장래를 상징한다. 방패문양 오른쪽엔 국조(國鳥)인 홍학이, 왼쪽엔 청새치가 있어서 수산업의 중요성을 강조하며, 또 위에 있는 투구는 통치권의 상징이고, 그 위에는 소라조개가, 다시 그 뒤에는 천연식물인 야자나무의 잎이 들어 있다. 그리고 맨 밑의 두루마리에는 나라의 모토인 "앞으로, 위로, 다함께 전진"이란 글이 쓰여있다.

정부형태	입헌군주국
독립년월일	1973년 7월 10일
상징물	나라새-홍학
화폐단위	바하마달러(B$), 1달러=1B$(96년6월)
GNP	44억달러(94년)
GNP순위	135위
1인당 GNP	1만 5,900달러(94년)
1인당 GNP순위	27위
기타	원수-영국 여왕

방글라데시
(People's Republic of Bangladesh)

중앙에 수련(水蓮)이 있고, 양 옆은 벼이삭으로 테를 둘렀으며 맨 위에는 이 나라의 또 하나의 중요 농산물인 황마(黃麻)의 잎을 그려 넣었다. 위의 별들은 나라가 사회와 경제의 발전을 목표로 하고 있음을 상징화한 것이며, 수련 밑의 물은 이 나라에서 중요한 수송수단인 벵골의 여러 강들을 나타내고 있다.

정부형태	공화국
독립년월일	1971년 3월 26일
상징물	
화폐단위	타카(Taka), 1달러=41.93타카(96년6월)
GNP	1,300억달러(94년)
GNP순위	37위
1인당 GNP	1,040달러(94년)
1인당 GNP순위	144위
기타	대통령-샤하부딘 아흐메드(임기 5년)

버뮤다
(Bermuda)

백색 바탕의 방패문양 속에는 푸른 초원(草原)에 앉아 있는 붉은 사자가 멋있는 황색테를 두른 또다른 방패문양을 안고 있다. 사자가 안고 있는 방패문양 속에는 이 나라의 역사를 나타내고 있는 한 그림이 있는데, 그것은 시 벤터르(Sea Venture)호가 오늘날 시 벤터르 플레트(Sea Venture Flat)라고 불리는 암초(暗礁)에 걸려 침몰하고 있는 장면을 나타내고 있다.

정부형태	영국령
독립년월일	
상징물	
화폐단위	버뮤다달러, 미국달러와 등가
GNP	
GNP순위	
1인당 GNP	
1인당 GNP순위	
기타	뉴욕에서 1,000km 떨어진 150여개의 섬

베냉
(Republic of Benin)

맨 위는 풍요의 뿔로서, 이곳으로부터 넘쳐 나오는 곡물의 이삭은 농업의 풍족함을 상징하며, 방패문양은 4등분 하여 좌상에는 나라의 상징이라고 할 수 있는 타타(Tata)라는 옛적의 성곽을, 우상에는 돗파왕이 창설한 흑성기사단의 상징인 별을, 좌하에는 야자나무를 넣어 국가경제에 중요한 몫을 차지하는 야자유(油)를, 그리고 우하에는 범선을 넣어 옛날 유럽의 탐험가들이 이 나라에 와서 닿은 국내 각 지역의 항구를 상징한다. 수호자는 표범이며, 맨 아래에 있는 두루마리에는 "우애, 정의, 노동"이라는 표어가 적혀있다.

정부형태	공화국
독립년월일	1960년 8월 1일
상징물	
화폐단위	CFA프랑, 1달러=515CFA프랑(96년6월)
GNP	67억달러(94년)
GNP순위	121위
1인당 GNP	1,260달러(94년)
1인당 GNP순위	133위
기타	대통령-마티유 케레쿠(임기 5년)

정부형태	연방공화국
독립년월일	1811년 7월 5일
상징물	나라꽃-난초, 나라새-토울피알
화폐단위	볼리바르(Bolivar), 1달러=468볼리바르(96년6월)
GNP	1,780억달러(94년)
GNP순위	28위
1인당 GNP	8,670달러(94년)
1인당 GNP순위	43위
기타	대통령-라파엘 칼데라(임기 5년)

베네수엘라
(Republic of Venezuela)

맨 위에 풍요(豊饒)를 뜻하는 한 쌍의 뿔이 꽃다발 속에 있고, 그 밑의 방패문양 안에는 칸을 셋으로 나눠 아래칸에는 독립과 자유를 뜻하는 길들여지지 않은 백마가 있으며, 오른쪽 위에는 독립을 기념하는 무기류(武器類)가, 왼쪽 위에는 국내 20개 지방주(地方州)의 단결과 국토의 부유함을 상징하는 그 숫자만큼의 줄기를 가진 보릿단이 있다. 또 그 밑의 리본에는 좌측에 1810년 4월 19일의 독립일을, 우측에는 1859년 2월 20일의 연방정부를 위한 전쟁일을, 맨 밑에는 베네수엘라 공화국이라고 쓰여 있고, 방패문양 좌우에는 야자나무와 올리브 나무잎이 둘러져 있다.

정부형태	사회주의 공화국
독립년월일	1954년 9월 2일
상징물	
화폐단위	동(Dong), 1달러=1만960동(96년6월)
GNP	835억달러(94년)
GNP순위	46위
1인당 GNP	1,140달러(94년)
1인당 GNP순위	138위
기타	주석-레 둑 안(임기 5년)

베트남
(Socialist Republic of Vietnam)

가운데 부분은 국기를 모방한 것으로서, 이것의 주위를 이 나라의 중요 농산물인 볏단으로 둘렀으며 아래 부분에는 톱니바퀴를 넣어 공업화로의 의욕을 나타내고 있다. 그리고 볏단을 묶은 리본에는 이 나라의 국명을 써 넣었다.

정부형태	입헌군주국
독립년월일	1830년 10월 4일
상징물	나라꽃-튜립
화폐단위	벨기에 프랑(BF), 1달러=31,35프랑(96년6월)
GNP	1,815억달러(94년)
GNP순위	27위
1인당 GNP	1만 8,040달러(94년)
1인당 GNP순위	15위
기타	국왕-알베르 2세

벨기에
(Kingdom of Belgium)

일반적으로 흔히 쓰이는 것과, 과거에 왕장이라고 불리던 것 두 개가 있다. 그림은 국장으로 사자는 발톱과 혀를 붉게 물들이고 흑색 바탕의 방패에 황금색으로 화려하게 장식되어 있다. 이 방패문양 위에는 왕관이 있고, 왕관 밑과 방패 주위에 걸쳐, 황금색 십자가가 맨밑에 매달려 있는 황실 훈장이 들어있다. 방패 뒤에는 양쪽에 두 개의 황금색으로 된 황제의 지팡이가 X자형으로 교차되어 들어있고, 이 지팡이의 꼭지는 각각 왼쪽에는 정의를 뜻하는 손으로, 오른쪽은 축소된 사자로 장식되어 있다. 밑에 있는 두루마리에는 나라의 표어인 "연합(Union)은 강력함을 준다"라는 말이 쓰여있다.

정부형태	공화국
독립년월일	
상징물	
화폐단위	벨라루시 루블, 1달러=1만2,550벨라루시 루블(96년6월)
GNP	534억달러(94년)
GNP순위	61위
1인당 GNP	5,130달러(94년)
1인당 GNP순위	63위
기타	대통령-알렉산드르 루카셴코(임기 5년)

벨라루시
(Republic of Belarus)

중앙에 선 만으로 표시한 지도를 새 시대의 여명(黎明)을 상징하는 떠오르는 태양의 빛살 위에 두었고, 주위의 리본을 적·녹의 국기색으로 하고 맨 아래에 이 나라의 국명을 시릴(Cyril)자모(字母)로 썼다. 떠오르는 태양 밑에 지구의(地球儀)가 있고, 리본으로 감긴 밀단 위에 적색의 5각 별이 있다. 그러나 이 적색별은 더 이상 공산주의를 상징하는 것이 아니며, 오른쪽 밑단에는 클로바가, 왼쪽 것엔 아마(亞麻)가 함께 있다. 이들 농산물들은 이 나라에서 생산되는 전형적인 것을 나타낸다.

정부형태	입헌군주국
독립년월일	1981년 9월 21일
상징물	
화폐단위	벨리즈달러, 1달러=2벨리즈달러(96년6월)
GNP	5억 7,500달러(94년)
GNP순위	162위
1인당 GNP	2,750달러(94년)
1인당 GNP순위	99위
기타	원수-영국 여왕

벨리즈
(Belize)

방패문양을 3등분하여 좌상에는 배젓는 노위에 큰 망치를 교차시켜 놓았고, 우상에는 도끼 위에 손잡이가 달린 큰 톱이 역시 교차되도록 배열하여, 이것들이 다함께 나무를 벌채하고 목재를 운반하는 것을 뜻하며, 또 아래칸의 돛대가 셋 달린 배는 이들 목재를 유럽으로 운송하던 것을 회상하게 한다. 왼쪽에선 도끼를 멘 메스티조가, 오른쪽에선 노를 멘 크리올인이 각각 방패문양을 잡고 있고, 방패문양 위에는 나라 경제의 근원이었던 마호가니 나무가 서 있다. 그리고 맨 밑의 두루마리에는 "나는 나무 그늘 속에서 번성한다"라는 좌우명이 적혀있다.

보츠와나

(Republic of Botswana)

방패문양 속에는 위에 세 개의 톱니바퀴를 넣어 공업을, 그 밑에 있는 청색 줄무늬는 물을; 그리고 맨 밑의 암소머리는 농경을 표시하여 농업과 가축 산업을; 양쪽에 있는 수호자로서의 얼룩말은 그의 흑백 줄무늬 때문에 국기에서와 같이 어떤 인종이든 평등한 기회를 주는 사회를 구축하고자 하는 결의를; 상아는 얼룩말과 함께 이 나라의 동물상을, 사탕수수는 농업이 국가경제에 있어서 중요하다는 것을 각각 상징하고 있으며, 맨 밑의 두루마리에는 "비"라는 글을 넣어 비의 중요성을 강조하였는데, 이 풀라(pula)라는 말에는 환영한다는 뜻도 함께 들어 있다.

정부형태	공화국
독립년월일	1966년 9월 30일
상징물	나라식물-수수
화폐단위	풀라(Pula), 1달러=3.37풀라(96년6월)
GNP	43억달러(94년)
GNP순위	138위
1인당 GNP	3,130달러(94년)
1인당 GNP순위	89위
기타	대통령-퀘트 케투밀레 마시레(임기 5년)

볼리비아

(Republic of Bolivia)

난원형 방패문양 속에 하나의 풍경이 들어 있는데, 그 내용을 보면, 빛나고 있는 태양과 포토시(Potosi)산을 배경으로 남미의 알파카, 빵나무, 보릿단, 삼림과 집이 있다. 이 방패문양의 윗틀에는 볼리비아(Bolivia)라는 국명을 써놓았고, 아래쪽의 청색틀에는 국내의 9개 지방을 뜻하는 9개의 황색 5각별이 들어있다. 또 방패문양 뒤에는 짝지어 교차시켜 배열한 두 개의 대포 포신, 6개의 국기, 4자루의 소총, 자유를 상징하는 프리기안 (Phrygian cap) 한 개, 잉카의 전투용 도끼 한 자루, 그리고 월계수 화관(花冠)이 있으며, 맨 위에 안데스의 콘돌 독수리가 앉아 있다.

정부형태	공화국
독립년월일	1825년 8월 6일
상징물	나라꽃-칸투타(Cantuta)
화폐단위	볼리비아노(Boliviano), 1달러=5.08볼리비아노(96년6월)
GNP	183억달러(94년)
GNP순위	86위
1인당 GNP	2.370달러(94년)
1인당 GNP순위	107위
기타	대통령-곤살로 산체스 데 로사다(임기 4년)

부룬디

(Republic of Burundi)

국장 중앙의 방패문양 속에는 사자가 들어 있는데, 이것은 식민지 시대 이래의 것으로서 개정되지 않고 오늘까지 사용되고 있으며, 세 개의 창은 국기 속의 별과 같이 국가의 모토인 "단결, 노동, 발전"의 세 가지를 상징하고, 밑에 있는 두루마리에도 똑같은 국가의 모토가 적혀 있다.

정부형태	공화국
독립년월일	1962년 7월 1일
상징물	
화폐단위	부룬디프랑(BF), 1달러=319BF(96년6월)
GNP	37억달러(94년)
GNP순위	142위
1인당 GNP	600달러(94년)
1인당 GNP순위	174위
기타	대통령-피에르 부요야

부르키나파소

(Burkina Faso)

국장은 공업을 상징하는 톱니바퀴를 테두리로 하여 그 속의 중앙에는 총과 괭이를 넣어 국방(國防)과 농업을, 그 밑에 펼쳐진 책을 두어 국민교육을 각각 상징하게 하였으며, 맨 밖에는 이 나라의 중요 농산물인 수수로 화관(花冠)을 대신하였다. 그리고 밑에 있는 두루마리에는 "조국(祖國) 아니면 죽음을, 우리는 승리할 것이다"라는 이 나라의 새로운 모토를 적어 놓았다.

정부형태	공화국
독립년월일	1960년 8월 5일
상징물	
화폐단위	CFA프랑, 1달러=515CFA프랑(96년6월)
GNP	65억달러(94년)
GNP순위	122위
1인당 GNP	660달러(94년)
1인당 GNP순위	170위
기타	대통령-블레즈 콩파오레(임기 7년)

부탄

(Kingdom of Bhutan)

국장이 아니라 왕의 문장인 왕장(王章)으로서, 중앙의 문양은 번갯불을 양식화(樣式化)한 것으로 불교 승(僧)의 힘을 나타낸다고도 한다. 맨 윗 부분에 있는 것은 성스러운 보배구슬(寶珠)로서, 이 불교의 나라에서 군주(君主)가 모든 사람 위에 지존(至尊)의 것으로 받들어짐을 뜻하고, 중앙에 있는 십자형의 다이아몬드홀(笏)은 오래된 정신적 관습과 속세(俗世) 규율(規律)간의, 또한 근세(近世)의 힘과 권위(權威) 간의 조화(調和)를 상징한다.그리고 양쪽에서 터키석으로 장식하고 서로 하나되게 포옹하고있는 암수의 번개 용(龍)은 이 왕국의 이름을 상징하는 것이다.

정부형태	입헌군주국
독립년월일	1910년 3월 24일
상징물	
화폐단위	눌트롬(Ngultrum), 1달러=34.06눌트롬(96년6월)
GNP	12억달러(94년)
GNP순위	155위
1인당 GNP	700달러(94년)
1인당 GNP순위	166위
기타	국왕-지그메 싱계 왕추크

정부형태	사회주의 공화국
독립년월일	1908년 10월 5일
상징물	나라꽃-장미
화폐단위	레바(LEVA), 1달러=155.46레바(96년6월)
GNP	337억달러(94년)
GNP순위	68위
1인당 GNP	3,830달러(94년)
1인당 GNP순위	80위
기타	대통령-페타르 스토야노프(임기 5년)

중앙에 있는 적색 바탕의 방패문양 속의 사자는 오늘날의 불가리아 지역인 과거의 미지아(Mizia)지역을, 좌우의 사자들은 각각 과거에 함께 불가리아를 이루고 있던 트레시(Trace)와 마케도니아(Macedonia)지역을, 맨 위의 왕관은 독립된 주권자임을 , 사자 밑의 떡갈나무 잎은 "평화를 위한 전쟁"을 각각 상징하고 있으며, 맨 밑의 리본에는 "연합은 힘을 만든다"라는 모토가 적혀 있다.

불가리아
(People's Republic of Bulgaria)

정부형태	연방공화국
독립년월일	1822년 9월 7일
상징물	나라나무-이페(Ipe)
화폐단위	레알(real), 1달러=1.01레알(96년6월)
GNP	8,860억달러(94년)
GNP순위	9위
1인당 GNP	5,580달러(94년)
1인당 GNP순위	61위
기타	대통령-페르난도 엔리케 카르도스(임기 4년)

황금의 광채(光彩)를 뜻하는 20개 꼭지별을 바탕으로 하여, 우측에는 담배잎, 좌측에는 커피나무 가지로 화관(花冠)을, 그 위에 1개의 큰 별과 방패와 검을 두고, 그 밑에 브라질연방공화국 및 공화국 선포일인 1889년 11월 15일을 각각 적어놓았다.중앙의 청색바탕은 남십자성(南十字星) 성좌(星座)가 위치한 브라질의 하늘을, 큰 별 등 5개의 별은 바로 남십자성을, 둘레의 27개의 별은 연방주와 26개 주를, 중앙의 큰 5각별은 위대하다는 상징이며, 검은 전쟁을, 화관은 부유함 등을 각각 나타내고 있다고 한다.

브라질
(Federative Republic of Brazil)

정부형태	왕국
독립년월일	1984년 1월 1일
상징물	
화폐단위	브루나이달러,1달러=1.4151브루나이 달러(96년6월)
GNP	44억달러(94년)
GNP순위	134위
1인당 GNP	1만 6,000달러(94년)
1인당 GNP순위	26위
기타	국왕-하사날 볼키와

국장에는 위로부터 기(旗)와 양산이 있는데 이것은 왕가의 상징이며, 그 밑에는 펼쳐진 날개가 있고, 그 밑으로 이것을 받치는 기둥이 있다. 다시 이 기둥 밑에는 초승달이 있으며 이 초승달에는 "신의 가호 아래 선량한 사람은 반드시 번영한다"라는 말이, 또 그 밑의 두루마리에는 "평화스러운 마을 브루나이"라는 명문이 써있으며, 양 옆에 있는 손은 국가에 대한 헌신을 의미한다고 한다.

브루나이
(Brunei)

정부형태	왕국
독립년월일	1932년 9월 23일
상징물	나라꽃-장미
화폐단위	사우디리얄(Riyal), 1달러=3.71리얄(96년6월)
GNP	1,730억달러(94년)
GNP순위	29위
1인당 GNP	9,510달러(94년)
1인당 GNP순위	40위
기타	국왕-파드 이븐 압돌 아지즈 알 사우드

국장에는 왓하프과 회교의 투지를 상징하기도 하는 두 자루의 검을 십자형으로 교차시켜 놓은 위에, 옛부터 이 나라가 농업을 생활의 본분으로 한다는 것을 나타내는 야자나무를 그려 놓았다.

사우디아라비아
(Kingdom of Saudi Arabia)

정부형태	공화국
독립년월일	855년
상징물	나라꽃-시크라멘
화폐단위	이탈리아 리라
GNP	3억 8,000만달러(93년)
GNP순위	169위
1인당 GNP	1만 5,800달러(93년)
1인당 GNP순위	28위
기타	원수-2인의 집정관(임기 6개월)

국장의 맨 위에는 왕관이 있는데, 이것은 군주제(君主制)의 표식이 아니고, 주권의 상징이며, 그 밑의 난원형(卵圓形)의 방패문양 속에는 타조의 깃털을 단 세 개의 탑이 있다. 이 탑은 공상적인 것이 아니고 티타노 산위의 성곽(城郭) 도시에 실제로 있는 과이타(Guaita), 체스타(Cesta) 및 몬탈레(Montale) 등 세 개의 탑을 말하며, 각 탑에는 금속제의 풍향계(風向計)가 있어서 이것이 문장(紋章)에서는 깃털로 표시되어 있다. 방패문양은 양쪽에서 각각 월계수와 떡갈나무의 어린 가지로 둘러싸여있으며, 맨 밑에는 황색으로 "자유"라고 쓴 백색 두루마리가 있다.

산마리노
(Republic of San Marino)

상투메프린시페
(Democratic Republic of Sao Tome and Principe)

방패문양 속에는 나무를 넣었으며, 수호자로는 이 나라에 서식하고 있는 새를 넣어 이 나라의 동물상(動物相)을 상징하게 하였고, 위의 두루마리에는 이 나라의 국명을 포르투갈어로, 아래에는 이 나라의 모토인 "단결, 규율(規律), 노동"을 각각 적어 놓았다.

정부형태	공화국
독립년월일	1975년 7월 12일
상징물	
화폐단위	도브라(Dobra), 1달러=2,317도브라(96년6월)
GNP	1억 3,300달러 (94년)
GNP순위	178위
1인당 GNP	1,000달러 (94년)
1인당 GNP순위	148위
기타	대통령-미구엘 트로보아다(임기 5년)

서사모아
(Independent State of Western Samoa)

유일하게도 그의 배경을 UN의 문장을 인용한 나라로서 지구와 평화(올리브나무 가지)를 상징케 하였으며, 중앙의 방패문양 속에는 위에 야자나무를, 아래에는 남십자성의 성좌를 넣었고, 맨 위에 있는 십자는 기독교인의 신앙(信仰)을 상징하게 하여, 맨 밑의 두루마리에 있는 "하느님이 사모아의 초석(礎石)이 되어 주시옵소서"라는 이 나라의 표어(標語)와 같은 범주(範疇)의 것으로 생각되게 한다.

정부형태	입헌군주국과 유사
독립년월일	1962년 1월 1일
상징물	
화폐단위	탈라(Tala), 1달러=2.45탈라(96년6월)
GNP	4억달러 (92년)
GNP순위	168위
1인당 GNP	2,000달러 (92년)
1인당 GNP순위	115위
기타	원수-대수장

세네갈
(Republic of Senegal)

중앙의 방패문양은 세로로 2등분하여, 좌측에는 힘의 상징인 사자를, 우측에는 이 나라의 국가적 나무인 바오밥나무(babbob)를, 그 밑의 파도무늬는 이 나라 이름의 근원(根源)이 된 세네갈 강을, 그리고 맨 위의 녹색 별은 국기의 것과 같이 희망과 아프리카의 통합을 각각 상징하고 있다. 테두리를 한 것은 이 나라의 국가훈장(國家勳章)이며 훈장에 감겨 있는 리본에는 "하나의 국민, 하나의 목표, 하나의 신의(信義)"라는 이 나라의 모토가 적혀 있다.

정부형태	공화국
독립년월일	1960년 8월 20일
상징물	나라나무-Baobab
화폐단위	CFA프랑, 1달러=515CFA프랑(96년6월)
GNP	123억달러 (94년)
GNP순위	104위
1인당 GNP	1,450달러 (94년)
1인당 GNP순위	127위
기타	대통령-아브두 디우프(임기 7년)

세이셸
(Republic of Seychelles)

중앙에 있는 방패문양 중의 나무는 코코드머(Coco-de-mer)라고 하는 야자나무로서 이 나라에서만 자라고 있는 종류이며, 야자나무 밑 초원(草原)에 있는 육상(陸上) 거북이(tortoise)와 맨 위에 있는 흰 꼬리의 열대지방의 새, 그리고 수호자(守護者)인 돛새치(sailfish)는 다 이 나라에 살고있는 동물들로서, 이들은 다 함께 이 나라의 동식물상(動植物相)을 상징하고 있다. 또 맨 밑에 있는 두루마리에는 라틴어로 "The End-Crowns-Work"라는 모토가 적혀있다.

정부형태	공화국
독립년월일	1976년 6월 29일
상징물	
화폐단위	세이셸루피(SR), 1달러=5.03SR(96년6월)
GNP	4억 3,300만달러 (94년)
GNP순위	165위
1인당 GNP	6,000달러 (94년)
1인당 GNP순위	56위
기타	대통령-프랑스-알베르 르네(임기 5년)

세인트루시아
(Saint Lucia)

국장의 중심을 이루는 방패문양은 교차된 대나무로 네 칸으로 나뉘어져서 좌상과 우하의 칸에는 영국을 상징하는 장미꽃이, 우상과 좌하의 칸에는 프랑스를 상징하는 백합(꽃)이 들어있다. 방패문양 위에는 투구와 화관(花冠)이 있으며, 그 위에 자유를 위한 투쟁과 자유의 추구(追究)를 뜻하는 횃불을 쳐든 사람의 손과 팔이 있다. 방패문양의 양쪽에서는 앵무새가 이를 잡고 있으며, 맨 밑의 두루마리에는 "국토, 국민, 광명(光明)"이라고 적혀있다.

정부형태	입헌군주국
독립년월일	1979년 2월 22일
상징물	
화폐단위	동카리브달러(EC$), 1달러=2.70EC$(96년6월)
GNP	6억 100만달러 (94년)
GNP순위	161위
1인당 GNP	4,200달러 (94년)
1인당 GNP순위	78위
기타	원수-영국 여왕

아메리카

정부형태	입헌군주국
독립년월일	1979년 10월 27일
상징물	
화폐단위	동카리브달러(EC$), 1달러=2.70EC$(96년6월)
GNP	2억 3,500달러(94년)
GNP순위	174위
1인당 GNP	2,000달러(94년)
1인당 GNP순위	114위
기타	원수-영국 여왕

중심을 이루고 있는 것은 중앙에 있는 황색테를 두른 백색의 방패문양으로서, 녹색 바닥 위에 두 사람의 여성 성직자(聖職者)가 청색 옷을 입고 불을 올려 놓은 제단을 사이에 두고, 무릎 꿇고 있는 여인은 봉헌(奉獻)하는 황금색 주발을 들고 있으며, 서 있는 여인은 올리브 나무가지를 들고 있다. 방패문양 위의 장식은 백·녹의 토셀(Torsel) 위에 얹힌 목화의 가지로 되어 있으며 아래에 있는 두루마리에는 "평화와 정의"라는 표어가 적혀 있는데, 이것은 방패문양 속의 두 여인에 의하여 구체화되어 있다.

세인트빈센트그레나딘
(St.Vincent and the Grenadines)

아메리카

정부형태	입헌군주국
독립년월일	1983년 9월 19일
상징물	나라꽃-Flamboyant
화폐단위	동카리브달러(EC$), 1달러=2.70EC$(96년6월)
GNP	2억 1,000달러(94년)
GNP순위	176위
1인당 GNP	5,300달러(94년)
1인당 GNP순위	62위
기타	원수-영국 여왕

방패문양 아랫쪽엔 거룻배가 있고, 그 위 적색의 거꾸로 된 갈매기형 수장(袖章)은 그 위를 다시 국화(國花)인 플램보이언트(Flamboyant)로 장식하였다. 윗쪽 칸에 카리브 원주민의 머리와, 프랑스의 상징인 백합꽃 그리고 영국의 상징인 장미꽃이 있다. 투구 위엔 불 붙은 햇불이 아프리카인, 유럽인 및 혼혈인들의 손으로 들어 올려지고 있다. 이 햇불은 인종은 다르나 하나가 되어 자유를 위하여 투쟁하고 추구한다는 것을 나타내고 있다. 방패문양 좌우에는 사탕수수와 코코낫 야자나무를 보이고 있는 펠리컨이며, 맨 밑의 두루마리에는 "개인 위에 국가가 있다"라는 나라의 좌우명(座右銘)이 있다.

세인트키츠네비스
(Federation of St.Kitts and Nevis)

아프리카

정부형태	영국령
독립년월일	
상징물	
화폐단위	
GNP	
GNP순위	
1인당 GNP	
1인당 GNP순위	
기타	1833년 영국식민지 편입

국기 속의 것이 바로 이 문장이다. 방패문양 속에 두 암석의 노두(露頭) 사이를 세인트 조지의 적십자 기를 달고 항해하고 있는 동인도 회사의 돛이 셋인 선박을 그려 넣었다.

세인트헬레나 및 아센션섬
(St. Helena and Ascension)

아프리카

정부형태	공화국
독립년월일	1960년 7월 1일
상징물	
화폐단위	소말리아실링(Ssh), 1달러=2,620Ssh(96년6월)
GNP	33억달러(90년)
GNP순위	145위
1인당 GNP	500달러(90년)
1인당 GNP순위	177위
기타	대통령-알리 마흐디 모하메드

국장은 국기를 그대로 옮겨놓은 방패문양과 그 위의 관(冠), 수호자(守護者), 그리고 창과 두루마리로 구성되어 있다. 관은 이탈리아 식민지 시대 때부터의 것으로써 독립을, 한 쌍의 칭은 국방을 상징하며, 누루마리에는 표어 등의 글이 없는 것이 특징이다.

소말리아
(Somali Democratic Republic)

오세아니아

정부형태	입헌군주국
독립년월일	1978년 7월 7일
상징물	
화폐단위	솔로몬달러(SI$), 1달러=3.55SI$(96년6월)
GNP	1억달러(94년)
GNP순위	180위
1인당 GNP	2,590달러(94년)
1인당 GNP순위	103위
기타	원수-영국 여왕

중앙의 방패문양 속에 윗칸에는 동부 지구(地區)를 상징하는 두 마리의 군함조(軍艦鳥)와 중앙에 말라이타(Malaita)지구를 상징하는 샌드포디(Sandfordi) 독수리를 넣었고, 아래쪽에는 녹색 십자 좌우에 두 마리의 거북이를 넣어 서부지역을, 중앙에 있는 멜라네시안들의 무도용(舞蹈用) 방패와 활과 화살은 중부지역을 각각 상징하게 하였다. 그의 방패문양 위에는 이 나라의 배와 떠오르는 태양을 두었고, 수호자로는 악어와 상어를 넣어 이 나라의 동물상을 나타냈으며, 맨 밑의 두루마리에는 "남을 인도하는 것은 봉사하는 것이다"라는 표어를 적어 놓았다.

솔로몬제도
(Solomon Islands)

수단
(Republic of the Sudan)

국장의 중심이 되는 것은 새인데, 이 새는 이 나라에 서식하고 있는 뱀을 잡아 먹는다는 독수리로서 일명 비서새(秘書鳥)라고도 불리며, 위의 두루마리에는 이 나라의 국명을, 아래의 것에는 "승리는 우리의 것"이라는 표어(標語)가 적혀있다.

정부형태	공화국
독립년월일	1956년 1월 1일
상징물	나라꽃－목화
화폐단위	수단파운드, 1달러＝980수단파운드 (96년6월)
GNP	237억달러 (94년)
GNP순위	75위
1인당 GNP	870달러 (94년)
1인당 GNP순위	153위
기타	대통령－오마르 하산 아마드 알 바시르

수리남
(Republic of Suriname)

중앙의 원형은 세로로 둘로 나뉘어 중앙에 다이아몬드 형을 두었으며, 또 그 중앙에 황색별을 넣었다. 다이아몬드는 광업을, 왼쪽 칸의 배는 무역을, 오른쪽 칸의 야자나무는 농업을 뜻하며, 아울러 다이아몬드는 좀더 나아가 심장을 양식화(樣式化)한 것으로 사랑을 나타내는 좋은 본보기로서 자비를 상징하여 넣은 것이라고 한다. 또한 별은 계속성을, 나무는 일시적인 것을, 바다는 변화를 뜻한다고도 한다. 또 양쪽에는 활을 잡고 화살통을 멘 두 원주민이 있으며, 맨 밑의 두루마리에는 "정의, 자비, 충실(忠實)"이라는 나라의 모토가 적혀있다.

정부형태	공화국
독립년월일	1975년 11월 25일
상징물	
화폐단위	길더(SG), 1달러＝410길더 (96년6월)
GNP	120억달러 (94년)
GNP순위	105위
1인당 GNP	2,800달러 (94년)
1인당 GNP순위	97위
기타	대통령－율레스 위덴보시 (임기 5년)

스리랑카
(Democratic Socialist Republic of Sri Lanka)

맨 위의 것은 불교의 법륜(法輪)이며, 중앙의 사자와 칼은 국가를 표시하고 그 둘레의 것은 불교의 상징인 운수(運數)를 뜻한다. 그 밑의 단지(그릇)에는 벼이삭이 들어 있어서 번영을 뜻하며, 이 단지의 왼쪽에는 달이, 오른쪽에는 해가 있어서 국가가 영원히 존속함을 나타내고 있다.

정부형태	공화국
독립년월일	1948년 2월 4일
상징물	나라꽃－연꽃
화폐단위	스리랑카루피(Rupee), 1달러＝55.60루피 (96년6월)
GNP	576억달러 (94년)
GNP순위	56위
1인당 GNP	3,190달러 (94년)
1인당 GNP순위	88위
기타	대통령－찬드라카반다라나이케쿠마리퉁가 (임기 6년)

스와질랜드
(Kingdom of Swaziland)

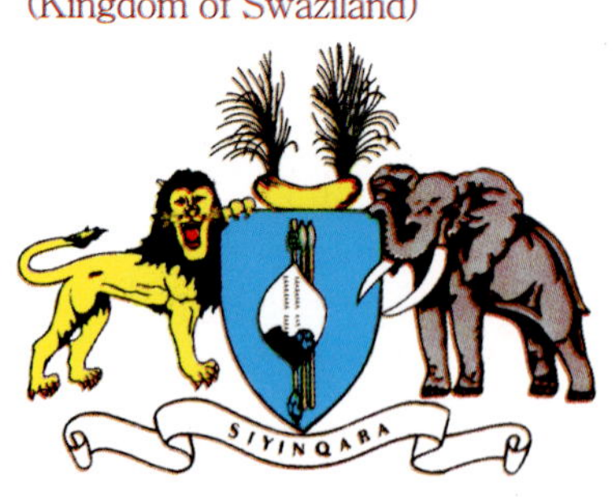

중앙의 방패문양에는 국기의 것과 닮은 것이 들어 있으며, 양쪽에 있는 수호자(守護者)로서의 사자와 코끼리는 다만 이 나라에 서식하고 있는 동물을 표현하는 것 말고도, 사자는 왕을, 코끼리는 왕의 어머니를 상징하며, 이들은 맨 아래에 있는두루마리에 써있는 "우리들은 요새(要塞)다"라는 이 나라의 표어(標語)를 함께 선언(宣言)하는 듯한 모양을 하고 있다. 방패문양 위에 있는 것은 천인조의 깃털을 단 왕의 모자이다.

정부형태	왕국
독립년월일	1968년 9월 6일
상징물	
화폐단위	릴랑게니(Lilangeni, 복수는 에마랑게니), 1달러＝4.34에마랑게니 (96년6월)
GNP	33억달러 (94년)
GNP순위	143위
1인당 GNP	3,490달러 (94년)
1인당 GNP순위	84위
기타	국왕－음스와티 3세

스웨덴
(Sweden)

대국장과 소국장이 있다. 대국장(그림)은 왕의 것으로서, 특별한 경우에만 정부나, 의회에 의하여 사용된다. 두 마리 사자가 잡고 있는 방패문양은 황금색의 십자로 4등분 되어 좌상과 우하에는 각각 하나 위에 둘이 얹히는 세 왕관이, 우상과 좌하에는 과거에 이 나라를 다스렸던 가문의 문장인 "홀쿤가(Folkunga) 사자"가, 그리고 십자의 중앙에는 현재 이 나라를 다스리고 있는 가문의 문장이 들어 있다. 이 방패문장 하반부는 이 나라에서 가장 유명한 훈장인 서리핌(Seraphim)훈장이 둘러 싸고 있다.

정부형태	입헌군주국
독립년월일	836년 이전
상징물	
화폐단위	스웨덴 크로나(SKr), 1달러＝6.64크로나 (96년6월)
GNP	1,631억달러 (94년)
GNP순위	32위
1인당 GNP	1만 8,580달러 (94년)
1인당 GNP순위	14위
기타	국왕－칼 구스타프 16세

정부형태	연방국
독립년월일	1499년 9월 22일
상징물	나라꽃-에델바이스
화폐단위	프랑(Franc), 1달러=1.25스위스프랑('96년6월)
GNP	1,484억달러('94년)
GNP순위	35위
1인당 GNP	2만 2,080달러('94년)
1인당 GNP순위	7위
기타	대통령-아르놀트 콜러(임기 1년)

스위스
(Swiss Confederation)

정방형의 국기를 방패문양의 것으로 한 것이 바로 국장이다.

정부형태	입헌군주국
독립년월일	1492년
상징물	나라꽃-장미와 카네이션
화폐단위	페세타(Peseta), 1달러=128페세타('96년6월)
GNP	5,160억달러('94년)
GNP순위	14위
1인당 GNP	1만 3,120달러('94년)
1인당 GNP순위	31위
기타	국왕-후안 카를로스 1세

스페인
(Kingdom of Spain)

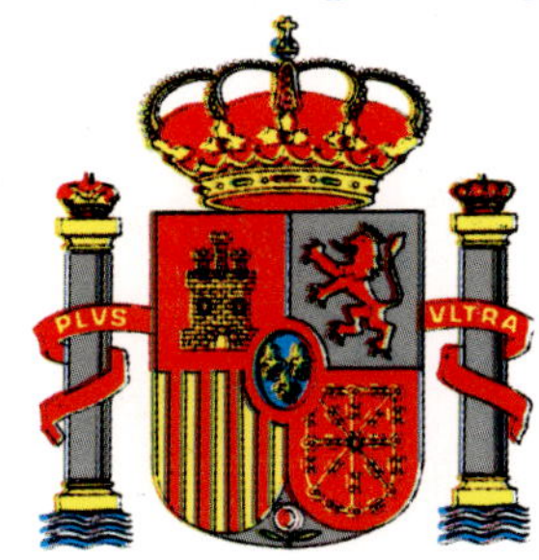

4등분된 방패문양 속 좌상의 성채(城砦)는 카스틸리아 왕국을, 우상의 사자는 레온 왕국을, 좌하의 네 개의 적색 세로줄은 아라곤 왕국을, 우하의 황금색 쇠줄은 나바라 왕국을 각각 나타내고 있다. 석류꽃은 그라나다(Granada)를, 중앙의 세 개의 나리꽃은 현재의 왕실인 버본(Bourbon)가문을 뜻하며, 방패문양 위의 왕관은 왕실의 관으로 왼쪽 기둥 위에도 있으며, 우측 기둥 위의 왕관은 황제의 관이다. 양쪽에 있는 기둥은 소위 허컬레스(Hercules)의 기둥으로 지브레타(Gibraltar)와 케오타(Ceuta)를 뜻하며, 이에 감겨있는 두루마리에는 "보다 먼 세계로"라는 뜻의 "Plus Ultra"라는 표어가 쓰여있다.

정부형태	공화국
독립년월일	1991년 6월
상징물	
화폐단위	톨라르(Tolar), 1달러=138톨라르('96년6월)
GNP	160억달러('94년)
GNP순위	91위
1인당 GNP	8,110달리('94년)
1인당 GNP순위	47위
기타	대통령-밀란 쿠찬(임기 5년)

슬로베니아
(Republic of Slovenia)

국기 속의 국장과 같은 것으로써, 청색 바탕인 방패문양 안의 중앙에 트리글로브(Triglav)산이 백색으로 들어 있고, 이 산의 아래쪽에는 청색으로 된 두 개의 파도무늬가 있어서, 바다와 강들을 표시하며, 산 위에는 역(逆) 삼각형의 형태로 세 개의 황금색 6각 별이 들어 있다. 이 세 개의 별은 이 나라에서의 역사적인 해인 1918년, 1945년, 그리고 1991년을 상징한다고 한다.

정부형태	공화국
독립년월일	1946년 4월 17일
상징물	나라꽃-살구꽃
화폐단위	시리아파운드, 1달러=41.95파운드('96년6월)
GNP	744억달러('94년)
GNP순위	49위
1인당 GNP	5,000달러('94년)
1인당 GNP순위	65위
기타	대통령-하페드 아사드(임기 7년)

시리아
(Syrian Arab Republic)

국장에 있는 매는 마호멧의 출신 부족인 크라이슈 족의 문장으로서, 중앙의 가슴 부분에는 방패문양이 있어서 그 둘레는 국기와 같은 색으로 테를 하고 그 속에는 국기에 있는 두 개의 녹색별을 세로로 넣었다. 그리고 맨 밑에 있는 두루마리에는 국명을 적어넣었다.

정부형태	공화국
독립년월일	1961년 4월 27일
상징물	
화폐단위	리온(Leone), 1달러=865리온('96년6월)
GNP	45억달러('94년)
GNP순위	133위
1인당 GNP	1,000달러('94년)
1인당 GNP순위	146위
기타	대통령-아마드 테잔 카바(임기 4년)

시에라이온
(Republic of Sierra Leone)

중앙의 방패문양에는 밑에 파도무늬와 윗쪽에 불타고 있는 세 개의 햇불이 있어서, 각각 바다와 이곳 서아프리카 일대에 대한 이 나라 대학교육의 공헌(貢獻)을 과시(誇示)하고 있으며, 양쪽의 사자는 이 나라의 이름과 관계가 있을 뿐만 아니라 과거의 종주국(宗主國)인 영국과의 유대(紐帶)를 상징하고 있다. 또한 야자나무는 야자유(椰子油)가 국가경제에서 중요한 몫을 차지하고 있다는 것을 표시하고 있으며, 맨 밑에 있는 두루마리에는 "통일, 자유, 정의"라는 표어(標語)가 적혀 있다.

싱가포르

(Republic of Singapore)

왼쪽에는 사자가, 오른쪽에는 호랑이가 이 나라의 문장을 세로로 넣은 방패를 잡고 있는데, 사자는 싱가포르라는 말이 뜻하는 "사자의 도시"를 도식화(圖式化)한 것이고, 호랑이는 이 나라가 과거에 말레이시아와 한 나라이었던 것을 기념하고 있다는 뜻이다. 맨 밑의 두루마리에는 국명이 쓰여 있다.

정부형태	공화국
독립년월일	1965년 8월 9일
상징물	나라꽃 – 난초
화폐단위	싱가포르달러, 1달러=1.415싱가포르 달러(96년6월)
GNP	570억달러(94년)
GNP순위	57위
1인당 GNP	1만 9,990달러(94년)
1인당 GNP순위	11위
기타	대통령 – 왕정창(임기 6년)

아랍에미리트연합

(United Arab Emirates)

국장 속의 매는 연방(聯邦)의 각 나라에서 수렵할 때 흔히 쓰이는 매이며, 매의 가슴 부분에 있는 원형문양 안에 있는 배는 옛부터 아랍인들이 인도양을 항해할 때 사용하였기 때문에 친밀감(親密感)마저 갖고 있는 범선 "다우"이다.

정부형태	토후(土侯)국의 연합체
독립년월일	1971년 12월 2일
상징물	
화폐단위	디르함(Dirham), 1달러=3.67디르함(96년6월)
GNP	627억달러(94년)
GNP순위	54위
1인당 GNP	2만 2,480달러(94년)
1인당 GNP순위	5위
기타	대통령 – 자이드 빈 술탄 알 나하얀(임기 5년)

아루바

(Aruba)

방패문양은 충성과 신의를 상징하는 백십자로 4등분되어, 좌상에는 알로에(식물이름)를 넣어 이 나라에 현존하는 첫번째의 재산임을, 우상에는 큰 건초더미를 넣어 이 나라가 바다로부터 솟아 올랐음을, 좌하에는 악수하는 장면을 넣어 다른 나라 사람들과 또 다른 나라들과의 우정어린 유대를, 우하에는 배의 타륜(舵輪)을 넣어 이 나라에 현존하는 중요한 기간인 공업을, 맨 위의 사자는 힘과 솔직성을, 그리고 월계수 가지는 평화와 우정을 각각 상징한다고 한다.

정부형태	네델란드 자치령
독립년월일	1986년 자치령 획득
상징물	
화폐단위	길더, 1달러=1.79길더(94년)
GNP	11억달러(93년)
GNP순위	156위
1인당 GNP	157달러(93년)
1인당 GNP순위	181위
기타	베네수엘라 북동쪽 근해에 위치한 섬

아르메니아

(Republic of Armenia)

중앙의 방패는 4등분되어 아르메니아의 역사적 제국(帝國)들을 상징하게 하고 4등분된 방패 중앙에 있는 또 하나의 작은 방패 안에는 대소(大小) 아라라트(Ararat)산이 그려져 있다. 그리고 방패 밑에는 끊어진 쇠사슬과 보리단, 펜, 그리고 칼이 있다. 수호자(守護者)로는 좌측에 독수리와 우측에 사자가 들어있다.

정부형태	공화국
독립년월일	
상징물	
화폐단위	드람(Dram), 1달러=405.00드람(96년6월)
GNP	81억달러(94년)
GNP순위	115위
1인당 GNP	2,290달러(94년)
1인당 GNP순위	109위
기타	대통령 – 레본 테르 페트로시안(임기 5년)

아르헨티나

(Argentine Republic)

국장의 윗부분에 있는 태양은 역시 "5월의 태양"이며, 중심을 이루는 난원형(卵圓形) 바탕에는 국기색인 하늘색과 백색을 깔고 그 위에 자유를 상징하는 프리기안 캡(Phrygian Cap)과 이를 꽂아 올린 작대를 함께 잡고 있는 두 손이 있어서 화합(和合)과 결속(結束)을 상징하고 있다.

정부형태	연방공화국
독립년월일	1816년 7월 9일
상징물	나라꽃 – 아메리카디코
화폐단위	페소(Peso), 1달러=1페소(96년6월)
GNP	2,710억달러(94년)
GNP순위	21위
1인당 GNP	7,990달러(94년)
1인당 GNP순위	48위
기타	대통령 – 카를로스 사울 메넴(임기 4년)

정부형태	공화국
독립년월일	1944년 6월 17일
상징물	나라새-흰매
화폐단위	아이슬란드 크로나(Kr), 1달러=67.17크로나(96년6월)
GNP	45억달러(94년)
GNP순위	132위
1인당 GNP	1만 7,250달러(94년)
1인당 GNP순위	20위
기타	

하나의 전설을 도식화(圖式化)한 것으로써, 그 옛날 덴마크 왕이 고래처럼 생긴 악마로 하여금 아이슬란드를 습격하도록 시켰으나 이 악마가 와서 보니 해변에는 무서운 괴물이 지키고 있음을 알게 되었고, 이 말을 들은 왕은 거인, 용, 독수리, 그리고 숫소가 섬을 지키고 있음을 알고 침략계획을 중지하였다는 이야기이다. 국장의 맨 위에는 붉은 혀를 내밀고 있는 독수리와 용이 있고, 그 밑에 이 나라의 국기를 넣은 방패가 세워져 있으며, 이를 거인이 우측에서, 황소는 좌측에서 지탱하고 있다. 이 문양들의 밑받침은 가파른 해안선을 갖은 이 나라의 영토를 뜻한다.

아이슬란드
(Republic of Iceland)

정부형태	공화국
독립년월일	1804년 1월 1일
상징물	나라꽃-하이비스커스
화폐단위	구르드(Gourde), 1달러=16.18구드르(96년6월)
GNP	56억달러(94년)
GNP순위	129위
1인당 GNP	870달러(94년)
1인당 GNP순위	154위
기타	대통령-르네 프레발(임기 5년)

중심을 이루는 것은 왕야자나무와 프리기안 캡 그리고 전리품과 "통합은 강력함을 준다"라고 쓴 두루마리이다. 왕야자나무와 프리기안 캡(Phrygian Cap)은 자유를 상징하며; 야자나무 밑의 전리품은, 북이 하나, 클라리넷과 트럼펫이 각각 하나, 좌우에 총검이 장착된 총이 석자루, 도끼 하나, 국기색 리본을 달고 비스듬이 놓인 국기가 셋, 화약주머니, 황색의 긴 자루가 달린 걸레로 장식된 포가(砲架) 위에 있는 황색 대포, 황색의 포탄, 끊어진 쇠사슬, 땅에 박힌 닻, 작은 기가 달린 돛대, 그리고 군모와 투구가 대포 위에 있으며, 이들 모두는 녹색 언덕 위에 위치하고 있다.

아이티
(Republic of Haiti)

정부형태	공화국
독립년월일	1921년 12월 6일
상징물	나라꽃-클로바
화폐단위	아일랜드파운드(Pound), 1달러=0.6289파운드(96년6월)
GNP	498억달러(94년)
GNP순위	62위
1인당 GNP	1만 4,060달러(94년)
1인당 GNP순위	29위
기타	대통령-페리 로빈슨(임기 7년)

청색 바탕의 방패 속에 황금색의 하프(악기)가 그려져 있다. 이 나라에서는 중세(中世) 이후부터 하프가 국민의 상징으로 되어 있었던 것으로 생각한다고 하며, 녹색 바탕에 하프를 황금색으로 표시한 기가 옛부터 유명하였다고 한다.

아일랜드
(Republic of Ireland)

정부형태	공화국
독립년월일	
상징물	
화폐단위	마나토(Manat), 1달러=4,350마나트(96년6월)
GNP	138억달러(94년)
GNP순위	98위
1인당 GNP	1,790달러(94년)
1인당 GNP순위	120위
기타	대통령-가이다르 알리예프(임기 5년)

자료 없음.

아제르바이잔
(Azerbaijani Republic)

정부형태	인민공화국
독립년월일	1919년 8월 19일
상징물	나라꽃-붉은 튜립
화폐단위	아프가니(Afghani), 1달러=4,700아프가니(96년6월)
GNP	418억달러(94년)
GNP순위	63위
1인당 GNP	2,195달러(94년)
1인당 GNP순위	112위
기타	

새로운 국장은, 중앙에 도식화한 모스크가 양옆에 각 한개씩의 기를 갖고 있으며, 그 밑에는 1992에 해당하는 1371 AH가 쓰여있다. 모스크 위에는 '신은 전능하다.'라고 쓰여 있으며, 아래에는 떠오르는 태양을 뜻하는 위로 뻗은 휘여진 선이 있다. 이 중앙의 문양들은 리본에 감긴 보릿단으로 둘려졌으며, 아래의 두루마리에는 아랍글자로 국명을 써 넣었다. 그리고 맨 위에는 회교의 충성 고백인 "알라와 무하메드(알라의 예언자), 그 외에 신은 없다."라는 글이 쓰여 있고, 전체를 둘러싼 것은 밑에서 교차시킨 군도(軍刀)이다.

아프가니스탄
(Republic of Afghanistan)

안도라

(Valleys of Andorra)

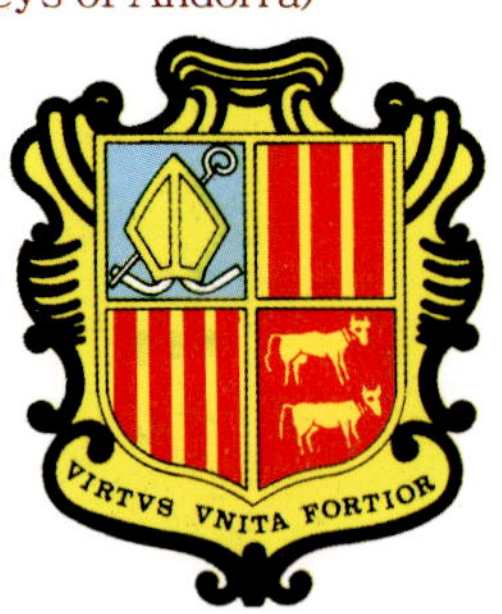

중앙의 방패문양은 4등분되어, 좌상에는 사교관(司敎冠)과 사교의 지팡이가 있어서 으젤(Urgel)의 사교를 뜻하고, 우상에는 황색바탕에 적색의 세로줄이 세 개인 호익스(Foix) 백작의 문양이, 좌하에는 황색바탕에 적색 세로줄이 네 개인 카탈로니아(Catalonia)의 문장이, 우하에는 적색 바탕에 두 마리의 황색 젖소가 들어있는 비어른(Bearn) 백작의 문장이 들어있으서 이 나라의 역사를 잘 나타내고 있다. 그리고 맨 밑에 적혀있는 말은 라틴어로서 "힘은 단결함으로써 더욱 강하다"라는 뜻의 표어(標語)이다.

정부형태	Coprincipality
독립년월일	1288년 12월 6일
상징물	
화폐단위	프랑스프랑, 스페인 페세타
GNP	7억 6,000달러(92년)
GNP순위	159위
1인당 GNP	1만 1,875달러
1인당 GNP순위	34위
기타	공동원수(프랑스대통령, 스페인 우르헬 교구주교)

안티가바부다

(Antigua and Barbuda)

방패문양 안에는 떠오르는 황금색 태양이 있고, 그 밑에 바다를 뜻하는 청·백의 파도무늬가 있다. 앞쪽 땅위의 석탑(石塔)은 오래된 설탕공장을 표시하며, 설탕산업이 나라 경제에 중요한 역할을 한다는 것을 상징한다. 위의 장식은 투구와 그 위에 있는 파인애플과 하이비스커스 꽃송이들이며, 양옆에서는 바부다와 금렵지를 나타내는 각각 한 마리씩의 숫사슴이 왼쪽에서는 사탕수수를, 오른쪽의 것은 용설란(agave)을 방패문양과 함께 잡고 있다. 그리고 맨 밑에 있는 두루마리에는 "각자 노력하면, 모든 것을 성취할 수 있다"라는 글이 적혀있다.

정부형태	입헌군주국
독립년월일	1981년 11월 1일
상징물	
화폐단위	동카리브달러(EC$), 1달러=2.70EC$(96년6월)
GNP	4억달러(94년)
GNP순위	167위
1인당 GNP	6,000달러(94년)
1인당 GNP순위	57위
기타	원수-영국 여왕

알바니아

(People's Socialist Republic of Albania)

국장의 중앙에 있는 쌍두 독수리는 국기의 것과 동일하며, 테두리를 보리이삭단으로 도식화(圖式化)하였고, 위의 붉은 별과 아래의 적색 리본은 이 나라가 공산주의 국가임을 나타내고 있다. 리본에 적힌 일자(日字)는 팔멧에서 개최되었던 반(反) 파시이스트 민족해방회의를 기념하고 있는 것이다.

정부형태	사회주의공화국
독립년월일	1912년 11월 28일
상징물	
화폐단위	레크(Lek), 1달러=99.30레크(96년6월)
GNP	38억달러(94년)
GNP순위	141위
1인당 GNP	1,100달러(94년)
1인당 GNP순위	140위
기타	대통령-살리 베르샤(임기 5년)

알제리

(Democratic and Popular Republic of Algeria)

이 나라의 국장은 옛 국장과는 달리 비교적 간단한 디자인의 것으로서, 국기를 그대로 방패문양으로 만들었으며, 윗쪽에 있는 아랍문자는 알제리 공화국이란 국명의 첫글자이다.

정부형태	공화국
독립년월일	1962년 7월 5일
상징물	
화폐단위	알제리디나르(DA), 1달러=55.1DA(96년6월)
GNP	970억달러(94년)
GNP순위	42위
1인당 GNP	3,480달러(94년)
1인당 GNP순위	85위
기타	대통령-라민 제루알(임기 5년)

앙귈라

(Anguilla)

문장은 방패문양과 돌고래, 나무, 그리고 두루마리로 되어 있는데, 방패문양은 4등분되어 좌상(左上)에는 대포의 포신(砲身)을 넣어 이 나라의 역사를, 우상(右上)에는 태양을 넣어 카리브해의 태양을, 좌하(左下)에는 나무열매를 넣어 번영을, 우하(右下)에는 물고기를 넣어 바다와의 밀접한 관계 등을 각각 상징하고 있다. 또한 방패문양을 지탱하고 있는 나무는 강인(强靭)한 것으로 알려져 있는 이 나라 특산의 마호가니 나무이며, 오른쪽의 돌고래는 역시 우정과 지혜를 상징하고, 맨 밑의 두루마리에는 "힘과 인내(忍耐)"라고 쓰여 있다.

정부형태	영국령
독립년월일	
상징물	
화폐단위	동카리브(EC)달러, 1달러=2.70(EC)달러
GNP	
GNP순위	
1인당 GNP	
1인당 GNP순위	
기타	목축, 제염, 관광이 주산업

아프리카

정부형태	공화국
독립년월일	1993년 5월 23일
상징물	
화폐단위	비르(Birr), 1달러=5비르(고정환율)
GNP	18억달러(93년)
GNP순위	153위
1인당 GNP	500달러(93년)
1인당 GNP순위	178위
기타	대통령-이사야스 아프웨르키

자료 없음.

아메리카

정부형태	공화국
독립년월일	1822년 5월 24일
상징물	나라꽃-양난 나라나무-Eucalyptus, 나라동물-거북이
화폐단위	수크레(Sucre), 1달러=3,165수크레(96년6월)
GNP	411억달러(94년)
GNP순위	64위
1인당 GNP	3,840달러(94년)
1인당 GNP순위	79위
기타	대통령-파비안 알라르콘

독수리는 독립과 힘의 상징이며, 그 밑의 난원형 방패문양 안에는 태양, 황도대(黃道帶), 산, 그리고 배가 있다. 태양은 자유를 표시하고, 황도대는 특히 12궁(宮) 중 기념할 만한 3, 4, 5, 6월에 대응하는 부분을 넣어 과거에 일어난 혁명을 일깨워 주며; 눈 덮인 산은 가장 높은 침보라조(Chimborazo) 산으로 상업을; 배는 항해와 교역을 상징하고 있다. 밑의 속간(束桿)은 공화제도 정부를 상징하며, 배경에는 두 개씩 짝지워 화살에 매어 교차시킨 국기와, 양쪽 국기 사이에 좌측은 월계수나무 가지를, 우측은 야자수나무 가지로 만든 화관(花冠)이 들어 있다.

아프리카

정부형태	인민공화국
독립년월일	약 기원전 1,000년
상징물	나라꽃-칼라(네덜란드종)
화폐단위	비르(Birr), 1달러=5비르(고정환율)
GNP	203억달러(94년)
GNP순위	83위
1인당 GNP	380달러(94년)
1인당 GNP순위	180위
기타	대통령-네가소 기다다(임기 5년)

균일하고 직선인 선들은 종교는 물론 국가와 국민성, 그리고 인간의 평등을; 균일한 직선으로 이룬 별은 이 나라의 국가와 국민성과 국민들의 의지로 이룩된 통일을; 황색의 선은 그들의 보편적인 의지로 합일(合一)된 국가, 국민성, 그리고 국민들을 위하여 가까운 장래에 있을 밝은 전망을 각각 상징한다.

아메리카

정부형태	공화국
독립년월일	1821년 9월 15일
상징물	나라나무-커피나무
화폐단위	콜론(Colon), 1달러=8.76콜론(96년6월)
GNP	98억달러(94년)
GNP순위	110위
1인당 GNP	1,710달러(94년)
1인당 GNP순위	123위
기타	대통령-아르만도 칼데론 솔(임기 5년)

"평등, 진리, 법률"을 상징하는 황금색 테를 두른 삼각형 속에는 태평양과 대서양을 뜻하는 두 대양이 있고, 그 사이에 5개의 화산이 있어서, 과거 중미연합국 시절의 5개의 회원국을 상징한다. 그 뒤에 뜨고 있는 태양을 배경으로 자유를 상징하는 프리기안 캡이 있고, 햇살에는 독립한 날인 "1821년 9월 15일"이 적혀 있으며 맨 위에는 평화의 상징인 무지개가 있다. 삼각형 뒤에는 5개의 국기를 두어 역시 중미연합의 5개국 국기를 나타내게 하였고, 밑에 있는 백색 두루마리에는 나라의 표어인 "신, 단결, 자유"가 적혀 있다. 그리고 "중앙 아메리카 엘살바도르"라고 써서 원을 형성하게 하여 맨 바깥 둘레를 장식하였다.

유럽

정부형태	입헌군주국
독립년월일	1066년 10월 14일
상징물	나라꽃-장미, 나라새-Robin
화폐단위	파운드(Pound), 1달러=0.6451파운드(96년6월)
GNP	1조 500억달러(94년)
GNP순위	7위
1인당 GNP	1만 7,980달러(94년)
1인당 GNP순위	16위
기타	국왕-에리자베스 2세

왕관 밑의 방패는 4등분되어 좌상과 우하에는 잉글랜드의 왕실문장인 세 마리의 사자가, 우상에는 스코틀랜드의 문장인 한 마리의 사자가, 좌하에는 아일랜드의 문장인 하프가 들어있다. 이 방패문양을 둘러싸고 있는 댓님에는(Evil to him who evil thinks)라는 표어를 적어 옛적의 기사작위 훈장인 가터(Garter) 훈장을 나타내고 있다. 방패 양 옆에는 잉글랜드의 사자와 스코틀랜드의 유니콘(Unicorn; 일각수;一角獸)이 이를 잡고 있으며, 그 밑의 두루마리에는 주권을 나타내는 표어인 (God and My right)라고 쓰여 있다. 그리고 방패 밑바닥에는 이 나라의 꽃인 장미, 토끼풀, 및 엉경퀴가 그려져 있다.

영국령버진제도
(British Virgin Islands)

녹색 방패문양 속에 흰 옷을 입고 샌들을 신은 마치 옛 그리스의 베스트(Vest) 여신(女神)에 시종(侍從) 들던 여자와 같은 한 처녀가 약간 오른쪽으로 향하여 그녀의 오른손으로 불꽃이 붙은 고대의 기름 등잔을 들고 있다. 그녀의 양쪽에는 두 줄로 같은 등잔이 좌측에 5개, 우측에 6개가 더 있어서 모두 12개의 등잔불이 있다. 그리고 밑에 있는 두루마리에는 "경계(警戒)하라"라고 쓰여있다.

정부형태	영국령
독립년월일	
상징물	
화폐단위	미국 달러
GNP	
GNP순위	
1인당 GNP	
1인당 GNP순위	
기타	어업, 관광이 주산업

예멘
(Republic of Yemen)

매의 가슴부분에 있는 방패 속에는 커피나무와 그 밑에 마리브(Marib) 댐이 들어있다. 매가 발로 잡고있는 두루마리에는 아랍어로 예멘공화국이라고 쓰여 있으며, 매의 양 옆에는 각각 한 개씩의 이 나라 국기가 게양되어 있다.

정부형태	공화국
독립년월일	1918년 12월 (구 예멘)
상징물	
화폐단위	리알(Rial), 1달러=140리알(96년6월)
GNP	234억달러(94년)
GNP순위	76위
1인당 GNP	1,955달러(94년)
1인당 GNP순위	116위
기타	대통령-알리 압둘라 살레

오만
(Sultanate of Oman)

국장은 잘 장식된 칼집을 가진 각이진 군도(軍刀)와 감비아(gambia)라고 하는 단도를 X자형으로 교차시켰고 이 두 칼을 장식끈으로 한데 묶은 것을 도식화(圖式化)한 것이다.

정부형태	왕국
독립년월일	1951년 12월 20일
상징물	
화폐단위	오만리알(Riyal), 1달러=0.39리알(96년6월)
GNP	170억달러(94년)
GNP순위	88위
1인당 GNP	1만 20달러(94년)
1인당 GNP순위	38위
기타	국왕-카부스 빈 사이드 알 사이드

오스트레일리아
(Commonwealth of Australia)

일건 아름다운 동물원의 그림처럼 보인다. 중앙의 방패문양은 6개로 나눠서, 6개 주를 상징하게 하였는데, 위의 왼쪽 것부터 시계방향으로 성(聖) 조지의 십자에 사자와 네 개의 별이 든 것이 뉴 사우즈 웨일즈(New South Wales), 왕관과 남십자성의 성좌가 있는 것이 빅토리아(Victoria) 몰타의 십자는 퀸스랜드(Queensland), 사자는 타스마니아(Tasmania), 흑색 백조(白鳥)는 웨스턴 오스트레일리아(Western Australia) 그리고 때까치(새 이름)는 사우스 오스트레일리아(South Australia)의 것이다. 수호자(守護者)로서의 두 동물은 나라동물인 캥거루와 에뮤로서 나라꽃인 골든워틀나무 위에 올라가 있으며, 맨 위의 별은 '연방의 별'을 아름답게 꾸민 것이고, 맨 밑의 두루마리에는 이 나라의 국명을 간단히 오스트레일리아라고 적어 놓았다.

정부형태	연방의회제도국(聯邦議會制度國)
독립년월일	1901년 1월 1일
상징물	나라꽃-골든워틀, 나라새-에뮤, 나라동물-캥거루
화폐단위	호주달러(A$), 1달러=1.27A$(96년6월)
GNP	3,746억달러(94년)
GNP순위	16위
1인당 GNP	2만 720달러(94년)
1인당 GNP순위	9위
기타	원수-영국 여왕

오스트리아
(Republic of Austria)

국장은 흑색 독수리가 주제로서, 혀는 붉고 발은 황금색으로 오른발로는 농민을 뜻하는 황금색 낫을, 왼발로는 노동자를 뜻하는 황금색 망치를 잡고 있으며 머리에는 중류계급(中流階級)을 나타내는 황금색 시민관(市民冠)을 쓰고 있다. 1945년 이후 그의 발목에 걸려있는 은색사슬을 절단하여 나찌로부터의 해방을 기념하고, 그의 가슴에는 레오폴드(Leopold) 6세와 흐레드리크(Frederick) 2세에 의한 바벤버그(Babenbergs)가의 마지막 통치 때 생긴 중앙에 은색띠를 두른 적색방패를 달고 있다.

정부형태	연방공화국
독립년월일	1918년 10월 30일
상징물	나라꽃-에델바이스, 나라새-제비
화폐단위	실링(Shilling), 1달러=10.72실링(96년6월)
GNP	1,393달러(94년)
GNP순위	36위
1인당 GNP	1만 7,500달러(94년)
1인당 GNP순위	18위
기타	대통령-토마스 클레스 틸(임기 6년)

정부형태	공화국
독립년월일	1838년 11월 5일
상징물	나라꽃-붉은 장미
화폐단위	렘피라(Lempira), 1달러=11.16렘피라(96년6월)
GNP	97억달러(94년)
GNP순위	111위
1인당 GNP	1,820달러(94년)
1인당 GNP순위	119위
기타	대통령-카를로스 로베르타 레이나(임기 4년)

이 나라의 국장은 다른 중앙 아메리카의 나라들처럼 화산, 무지개, 삼각형, 두 개의 바다 외에 이 나라의 독특한 요소가 들어있다. 중앙의 둥근 방패문양 안에는 프리마손(Freemason)의 삼각형이 있어서 평등과 정의를, 그 속에 있는 두 개의 탑은 독립과 주권을, 바다는 태평양과 카리브해를, 맨 위의 화살통은 원주민인 인디오를, 양 옆의 "풍요의 뿔"은 농업의 부유함을, 산맥과 광도(鑛道) 그리고 광업용(鑛業用) 도구는 광물자원이 풍부함을, 수목(樹木)들은 삼림자원(森林資源)이 풍부함을 각각 상징하고 있다.

온두라스
(Republic of Honduras)

정부형태	입헌군주국
독립년월일	1946년 5월 25일
상징물	
화폐단위	요르단디나르(JD), 1달러=0.71디나르(96년6월)
GNP	170억달러(94년)
GNP순위	89위
1인당 GNP	4,280달러(94년)
1인당 GNP순위	76위
기타	국왕-후세인 이븐 탈랄 알 하셰미

왕장의 맨 위에는 왕국을 상징하는 왕관이 있고, 방패모양으로 쳐진 포장 중앙에 돋보이는 살라딘(Saladin)의 독수리는 두 개의 이 나라 국기를 등지고 있으며, 하늘색 지구 위에 올라 서 있는 것은 회교가 전 세계로 퍼질 것을 기원하고 있다는 뜻이다. 이 독수리 밑에는 둥근 방패와 그옆에 칼, 그리고 활과 화살이 있으며, 그 아래에는 이 나라의 대표적 생산물인 곡물의 이삭과 종려나뭇잎이 있다. 맨 밑의 두루마리에는 명문이 쓰여 있는데 그 뜻은 "요르단의 하셰미테 왕국의 왕 알 후세인 이븐 타라 이븐 압둘라는 전능한 신에게 도움과 성공을 빈다" 라는 것이다.

요르단
(Hashemite Kingdom of Jordan)

정부형태	공화국
독립년월일	1962년 10월 9일
상징물	나라새-학(鶴)
화폐단위	우간다실링(Shiling), 1달러=1,046실링(96년6월)
GNP	192억달러(94년)
GNP순위	84위
1인당 GNP	850달러(94년)
1인당 GNP순위	156위
기타	대통령-요웨리 카구타 무세베니

방패문양에는 위에 물을 표시하여 이 나라 각지에 있는 호수와 강을, 중앙의 태양은 이 나라가 적도 위에 위치함을, 밑의 북은 옛부터 동 아프리카의 호소지대(湖沼地帶)의 여러 왕국에서 전통적으로 왕권의 상징으로 취급되어 온 것으로 이들 왕국을, 두 자루의 창은 국방을, 방패문양 밑에 있는 흐르는 물 모양의 것은 백 나일강의 원천인 빅토리아 호를, 대지 위에 있는 커피나무와 목화는 국가경제의 기본이 농업인 것을 각각 상징하고 있으며, 맨 밑의 두루마리에는 "하느님과 나의 국가를 위하여"라는 표어가 적혀있다.

우간다
(Republic of Uganda)

정부형태	공화국
독립년월일	1828년 8월 25일
상징물	나라꽃-아메리카디코
화폐단위	페소(Peso), 1달러=7.92페소(96년1월)
GNP	230억달러(94년)
GNP순위	77위
1인당 GNP	7,200달러(94년)
1인당 GNP순위	52위
기타	대통령-훌리오 마리아 상기네티(임기 5년)

국기 속의 태양을 위에 두어 독립의 상징으로 하였으며, 난원형(卵圓形)의 문양은 이를 4등분하여, 좌상에는 저울을 넣어 평등과 정의를, 우상에는 이 나라의 수도 몬테비데오(Montevideo)의 요새(要塞)를 넣어 힘을, 좌하에는 말을 넣어 자유를, 그리고 우하에는 숫소를 넣어 윤택(潤澤)함을 각각 상징토록 하였고, 문장주위를 국기색의 리본으로 묶은 올리브 나무가지와 월계수 나무가지로 둘렀다.

우루과이
(Oriental Republic of Uruguay)

정부형태	공화국
독립년월일	
상징물	
화폐단위	숨(Sum), 1달러=37.9숨(96년6월)
GNP	545억달러(94년)
GNP순위	60위
1인당 GNP	2,400달러(94년)
1인당 GNP순위	106위
기타	대통령-이슬람 카리모프(임기 8년)

중심에 "행복의 새"가 있어서 그 날개의 끝부분은 초승달을 이루면서 산과 강 위에 떠오르는 태양을 테두리 하고 있다. 이 새는 많은 이름과 뜻이 있으며, 새의 국가 또는 태양의 새로 불리운다. 맨 위의 8각형은 조화, 통합, 그리고 우즈베키스탄 예술에 나타나 있는 번영을, 그 중앙에는 회교의 초승달과 별이 있다. 국기색 리본에는 국명이 적혀있고, 화관(花冠)을 감고 있으며; 화관의 우측은 이 나라 경제의 중요한 뒷받침이 되고 있는 목화로, 좌측은 보리로 이루어져 있다.

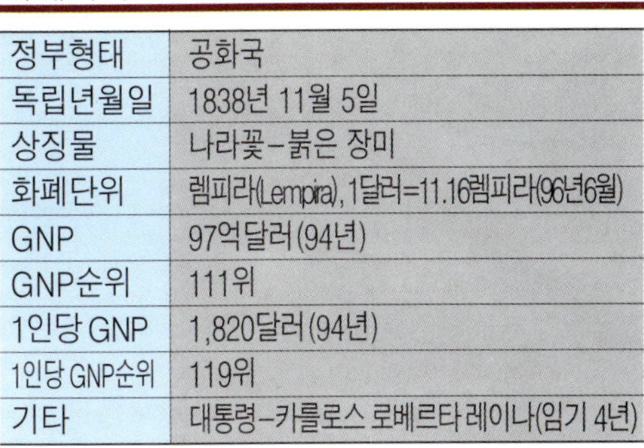

우즈베키스탄
(Republic of Uzbekistan)

우크라이나
(Ukraine)

소국장과 대국장이 있는데, 대국장은 아직 제정되지 않았다.

소국장은 6세기 경부터 우크라이나 지역에서 사용되어 왔다고 하며, 좁은 황색테를 두룬 연한 하늘색 바탕의 방패문양 속 중앙에 황금색의 우크라이나 전통의 삼지창(三枝槍)이 들어 있다. 이 창의 유래에 대해서는 여러 가지 설명이 있으나, 이것은 권위의 상징이라는 것에 대해서는 의견이 일치하고 있다고 한다.

정부형태	공화국
독립년월일	1991년 4월
상징물	
화폐단위	흐리브나(Hryna), 1달러=1.88흐리브나(97년2월)
GNP	1,892억달러 (94년)
GNP순위	26위
1인당 GNP	3,650달러 (94년)
1인당 GNP순위	81위
기타	대통령—레오니드 쿠츠마(임기 4년)

유고슬라비아
(Federal Republic of Yugoslavia)

국장은 세르비아(Serbia)와 몬테네그로(Montenegro)의 역사적인 것과 국가 문장을 넣은 것으로써, 적색 바탕의 방패문양 속에는 백색 쌍두 독수리가 들어있고, 그 가슴 부위에는 또 다른 바둑판 무늬이 방패문양이 들어 있다. 이 바둑판 무늬의 방패문양은 4등분 되어 대각선으로 각각 두 개의 은색 십자가와 부싯돌, 그리고 두 개의 사자가 들어 있다.

정부형태	연방공화국
독립년월일	1918년 12월 1일
상징물	나라나무—서양자두
화폐단위	新디나르(Novi Dinar), 1달러=5.02(96년6월)
GNP	100억달러 (94년)
GNP순위	109위
1인당 GNP	1,000달러 (94년)
1인당 GNP순위	145위
기타	대통령—조란 릴리치(임기 4년)

이라크
(Republic of Iraq)

국장은 역시 이들 아랍지역에서의 살라딘(Saladin)의 독수리를 기본형으로 하여, 그 가슴 부분에는 이 나라 국기를 넣은 방패문양이 있고 발 아래에는 국명을 적은 두루마리가 있다.

정부형태	공화국
독립년월일	1932년 10월 3일
상징물	나라꽃—장미
화폐단위	이라크디나르(ID), 1달러=1,000디나르(96년6월)
GNP	380억달러 (93년)
GNP순위	66위
1인당 GNP	2,000달러 (93년)
1인당 GNP순위	113위
기타	대통령—사담 후세인(임기 7년)

이란
(Islamic Republic of Iran)

적색으로 된 국장은 가운데에 세로로 놓인 칼이 있고, 이것의 양 옆에 각각 두 개씩의 초승달을 역시 세로로 배열하여 놓은 것인데, 이것은 알라신의 상징으로 알라신을 향한 인간의 성장과 발전을 나타내는 것이라고 한다. 이 국장을 구성하고 있는 5개의 요소는 회교의 다섯 가지 원칙을 상징하며 이들이 세로로 서 있는 것은 오로지 알라신으로 향하는 길을 암시한다고 한다. 또 네 개의 초승달은 달의 네 가지 상(相)을 뜻하며, 이는 곳 회교에 대한 충성심이 점점 커지는 것을 나타낸다고 한다. 중앙의 칼은 강인함과 용기를 뜻하며 이는 다시 그 위에 있는 알라신을 뜻하는 "알라"라는 글자로 강화되어 있다.

정부형태	회교공화국
독립년월일	1906년 10월 7일
상징물	나라꽃—장미, 열대수련
화폐단위	이란이알, 1달러=3,000리알(96년6월)
GNP	3,100억달러 (94년)
GNP순위	18위
1인당 GNP	4,720달러 (94년)
1인당 GNP순위	71위
기타	최고지도자—알리 하메네이

이스라엘
(State of Israel)

국장의 문양도 고대 유태의 상징에서 따온 것으로서, 양 옆의 올리브 잎은 번영을 뜻하며, 중앙의 나뭇가지 모양의 촛대는 예루살렘이 함락될 때 로마인에게 빼앗겼던 가지가 7개인 예루살렘신전의 메노라(촛대)이다. 이 촛대와 올리브나무 가지와의 인연은 구약성경 스가랴 제4장에 쓰여있다.

정부형태	공화국
독립년월일	1948년 5월 14일
상징물	나라나무—올리브나무
화폐단위	세켈(Shekel), 1달러=3.2세켈(96년6월)
GNP	701억달러 (94년)
GNP순위	51위
1인당 GNP	1만 3,880달러 (94년)
1인당 GNP순위	30위
기타	대통령—에제르 와이즈만(임기 5년)

정부형태	공화국
독립년월일	1922년 2월 28일
상징물	나라꽃-수련(水蓮)
화폐단위	이집트바운드, 1달러=3.39파운드(96년6월)
GNP	1,520억달러(94년)
GNP순위	34위
1인당 GNP	2,490달러(94년)
1인당 GNP순위	105위
기타	대통령-호스니 무바라크(임기 6년)

국장은 살라딘의 독수리로서, 이는 힘을 상징하며, 가슴 부분에는 이 나라의 국기를 넣은 방패가 있고, 두 발로 잡고 있는 두루마리에는 이 나라의 국명이 적혀있다.

이집트
(Arab Republic of Egypt)

정부형태	공화국
독립년월일	1861년 3월 17일
상징물	나라꽃-데이지
화폐단위	리라(Lira), 1달러=1536.00리라(96년6월)
GNP	9,989억달러(94년)
GNP순위	8위
1인당 GNP	1만 7,180달러(94년)
1인당 GNP순위	21위
기타	대통령-오스카르 루이지 스칼파로

국장에는 노동을 뜻하는 톱니바퀴를 배경으로 나라를 표시하는 큰 별이 있다. 테두리의 떡갈나무와 올리브나무의 가지는 힘과 평화를 뜻하며, 밑에 있는 적색 두루마리에는 이 나라의 국명이 적혀 있다.

이탈리아
(Republic of Italy)

정부형태	연방공화국
독립년월일	1947년 8월 15일
상징물	나라꽃-카말(연꽃), 나라새-인도공작
화폐단위	루피(Rupee), 1달러=34.06루피(96년6월)
GNP	1조 2,500억달러(94년)
GNP순위	6위
1인당 GNP	1,360달러(94년)
1인당 GNP순위	129위
기타	대통령-산카라 다얄 샤르마(임기 5년)

사나드(Sarnath)에서 발굴된 기둥머리를 주제로 하여 그 아래 부분에는 법륜이 들어 있다. 이 기둥머리는 기원전 3세기에 아쇼카왕이 건립한 여러 건축물 기둥 중의 일부라고 한다. 밑에 쓰여있는 글은 테바나가리 문자로 고대의 문다어의 우파니샷드로부터 인용한 "진실만이 승리한다"라는 말이다.

인도
(Republic of India)

정부형태	공화국
독립년월일	1945년 8월 17일
상징물	나라꽃-무라티
화폐단위	루피아(Rupiah), 1달러=2,326(96년6월)
GNP	6,190억달러(94년)
GNP순위	13위
1인당 GNP	3,090달러(94년)
1인당 GNP순위	91위
기타	대통령-수하르토(임기 5년)

새는 힌두교에서 성스러운 새로 여기는 가루다(Garuda)로서, 양쪽 날개의 각각 17개 씩의 깃털과 꼬리의 8개의 깃털은 독립한 날을 표시한다. 새 가슴의 방패문양 안에는 국가적 철학인 5가지 원칙을 기록해 놓았다. 별은 신에 내한 신뢰를, 왼쪽 위 수우(水牛)의 머리는 주권이 국민에 있음을, 오른쪽 위 보리수는 국민으로서의 의식을, 왼쪽 아래 벼와 목화는 사회의 정의를, 오른쪽 모난 구슬과 둥근 구슬을 교대로 꿴 사슬은 평등을 나타낸다. 가루다가 잡고 있는 맨 밑의 두루마리에는 "다양성 중의 통일"이라고 적혀 이 나라가 여러 부족과 섬으로 이루어져 있음을 나타내고 있다.

인도네시아
(Republic of Indonesia)

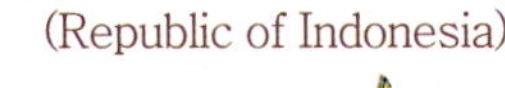

정부형태	입헌군주국
독립년월일	기원전 약 660년
상징물	나라꽃-벚꽃 나라새-꿩
화폐단위	엔(円)
GNP	4조 7,360억달러(94년)
GNP순위	2위
1인당 GNP	3만 7,900달러(94년)
1인당 GNP순위	1위
기타	국왕-아키히토(明仁)

일본은 입헌군주국으로 국장이 없고 황장(皇章)이 있는데, 황장은 16개의 꽃잎을 갖는 겹꽃잎 국화(菊花)를 도식화(圖式化)한 것이다. 황실의 문장은 꽃잎이 16개인 겹꽃잎 국화로, 황족(皇族)의 것은 꽃잎이 14개인 홑꽃입 국화로 표시한다.

일본
(Japan)

자메이카
(Jamaica)

왕실의 투구와 흰 담비(동물 이름) 가죽 포장의 사용은 이 나라에 주어진 유일한 명예인 것이다. 중앙에 있는 방패문양 속에는 적색 십자가 있고, 그 위에는 5개의 황금색 파인애플이 그려져 있다. 이 방패문양의 양 옆에는 아라와크(Arawak) 인디안 남녀가 한 손으로는 각각 활과 과일 바구니를 들고 이를 잡고 있으며, 방패문양 위의 장식에는 전술한 투구와 포장이 있고, 맨 위에는 이 나라의 악어가 있다. 그리고 밑의 두루마리에는 "많은 것으로부터 한 사람을(Out of Many, One People)"이라고 쓰여 있다.

정부형태	입헌군주국
독립년월일	1962년 8월 6일
상징물	나라나무-유창목
화폐단위	자메이카달러(J$), 1달러=34J$(96년6월)
GNP	78억달러(94년)
GNP순위	118위
1인당 GNP	3,050달러(94년)
1인당 GNP순위	94위
기타	원수-영국 여왕

자이르
(Republic of Zaire)

국장에는 표범의 머리와 교차시켜 놓은 창과 화살이 있으며, 야자나무 가지와 상아(象牙)로서 테두리를 하였으며, 밑에 있는 두루마리에는 "정의, 평화, 노동"이라는 표어(標語)가 적혀있다.

정부형태	공화국
독립년월일	1960년 6월 30일
상징물	나라나무-향(香, 마호가니)
화폐단위	자이르(Zaire), 1달러=1만1,900자이르(96년6월)
GNP	188억달러(94년)
GNP순위	85위
1인당 GNP	440달러(94년)
1인당 GNP순위	179위
기타	대통령-모부투 세세 세코(임기 7년)

잠비아
(Republic of Zambia)

방패문양은 흑인국민을 나타내는 흑색 바탕에 이 나라 국명의 유래가 된 잠베지(Zambezi)강을 백색 수문(水紋)으로 넣어 빅토리아 폭포를 상징하게 하였고, 그 위에 있는 괭이와 곡괭이는 농업을, 독수리는 자유의 상징으로 보다 큰 목표를 향하여 비약하고자 하는 희망을 나타내고 있다. 수호자로서의 두 남녀는 이 나라의 남녀국민으로써, 이들이 살고 있는 국토의 광물자원, 야생동물 및 농산물이 푸른 대지 위에 있는 광업시설, 얼룩말, 그리고 옥수수로서 상징되고 있으며, 맨 밑에 있는 두루마리에는 "하나의 잠비아, 하나의 나라"라는 모토가 적혀 있다.

정부형태	공화국
독립년월일	1964년 10월 24일
상징물	
화폐단위	콰차(Kwacha), 1달러=1,275콰차(96년6월)
GNP	79억달러(94년)
GNP순위	117위
1인당 GNP	860달러(94년)
1인당 GNP순위	155위
기타	대통령-프레데릭 칠루바(임기 5년)

적도기니
(Republic of Equatorial Guinea)

방패문양 속의 나무는 이 나라 숲에 많은 판야나무(솜나무, 신(神)의 나무라고도 부른다)인데, 과거 이 나라의 왕 봉고르가 리오무니 지방을 스페인에게 위임(委任)하는 협정을 맺은 것도 이 나무 밑에서 행해진 것이라고 한다. 위에 있는 6개의 6각 황색별은 이 나라를 구성하고 있는 5개의 섬과 본토인 리오무니 주를 상징하고 있으며, 두루마리에는 "단결, 평화, 정의"라는 표어(標語)가 적혀 있다.

정부형태	공화국
독립년월일	1968년 10월 12일
상징물	
화폐단위	CFA프랑, 1달러=515CFA프랑(96년6월)
GNP	2억 8,000달러(94년)
GNP순위	172위
1인당 GNP	700달러(94년)
1인당 GNP순위	168위
기타	대통령-테오도로 오비앙은게마음바소고(임기7년)

조선민주주의인민공화국
(Democratic People's Republic of Korea)

국장의 테두리는 이 나라가 원래 농업국이었음을 나타내는 벼로 하였고, 이 볏단을 묶은 리본에는 북한의 국명이 적혀 있다. 맨 위의 별은 그들이 부르짖는 사회주의를 나타내고, 그 밑의 풍경은 공업화를 지향하고 있는 국가적 결의의 표현으로 압록강의 것으로 생각되는 수력발전소와 댐을 그려놓았다. 이러한 도안(圖案)은 "공산주의는 소비에트의 힘과 전국토의 전화(電化)가 일체화(一體化)했을 때 완성한다"고 한 레닌의 말을 주제로 하고 있다.

정부형태	사회주의공화국
독립년월일	1948년 9월 9일
상징물	
화폐단위	
GNP	220억 달러(94년)
GNP순위	80위
1인당 GNP	923달러(94년)
1인당 GNP순위	152위
기타	

중앙아프리카공화국
(Central African Republic)

정부형태	공화국
독립년월일	1960년 8월 13일
상징물	
화폐단위	1달러=515CFA프랑(96년)
GNP	22억 만달러(94년)
GNP순위	152위
1인당 GNP	700달러(94년)
1인당 GNP순위	167위
기타	대통령-앙주 펠릭스 파타세(임기 6년)

방패문양을 4등분하여 각각 국기의 바탕색을 넣고, 그 위에 코끼리와 나무, 세 개의 별과 '검은 손'을 넣었는데, 이 '검은 손'은 독립하기 전 이 나라에서 활약하였던 검은 아프리카 사회진화 운동의 당문(黨紋)이다. 방패문양 중앙의 또 다른 작은 방패문양에 들어있는 것은 아프리카의 지도와 그 위에 얹혀있는 황색별로서 이 나라의 지리적 위치를 표시하며, 위에는 이 나라의 독립일을 기입한 떠오르는 태양과 "인간은 인간이다"라고 쓴 두루마리가, 그리고 배경에는 교차시킨 두 개의 국기가 있다. 또 방패문양에 달려 있는 것은 중앙아프리카 공로훈장이며, 그 밑에 "통일, 존엄, 노동"이라는 모토가 적힌 두루마리가 있다.

중화민국
(Republic of China)

정부형태	공화국
독립년월일	1945년 10월 25일
상징물	나라꽃-매화
화폐단위	대만원(臺灣元), 1달러=27.31원(96년6월)
GNP	2,570억달러(94년)
GNP순위	22위
1인당 GNP	1만 2,070달러(94년)
1인당 GNP순위	33위
기타	총통-이등휘(李登輝)(임기 6년)

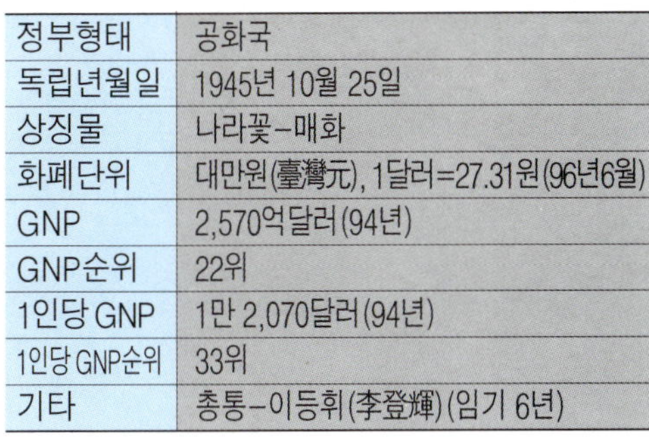

이 나라의 국장은 국기 속의 캔턴 부분에 있는 네모난 청천백일(靑天白日)을 둥근 원의 것으로 한 것이며, 그 뜻은 국기의 것과 동일하다.

중화인민공화국
(People's Republic of China)

정부형태	인민공화국
독립년월일	기원전 1523년
상징물	
화폐단위	원(元), 1원=한화 약 105원(96년6월)
GNP	2조 6,100억달러(94년)
GNP순위	3위
1인당 GNP	2,500달러(94년)
1인당 GNP순위	104위
기타	주석-강택민(江澤民)(임기 5년)

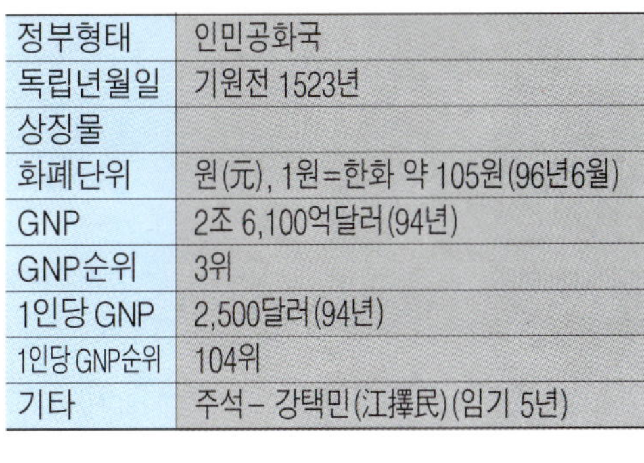

국장은 헌법에서 "5개의 별이 위에서 빛나고, 천안문을 중심으로 하여, 주위를 곡물의 이삭과 톱니바퀴로 두른다"라고 규정하고 있다. 기본적으로 국기의 색과 상징 표현법을 그대로 옮겨오고 이것을 중국의 대표적 농산물인 보리와 벼로서 테두리를 하였으며, 톱니바퀴는 공업을 뜻한다. 중앙의 건물은 북경에 있는 명나라와 청나라 때의 왕궁(王宮)인 자금성(紫禁城)의 입구인 천안문(天安門)이다.

지부티
(Republic of Djibouti)

정부형태	공화국
독립년월일	1977년 6월 27일
상징물	
화폐단위	지부티프랑(DF), 1달러=165DF(96년6월)
GNP	5억달러(94년)
GNP순위	164위
1인당 GNP	1,200달러(94년)
1인당 GNP순위	136위
기타	대통령-하쓰 굴레드 압티돈(임기 6년)

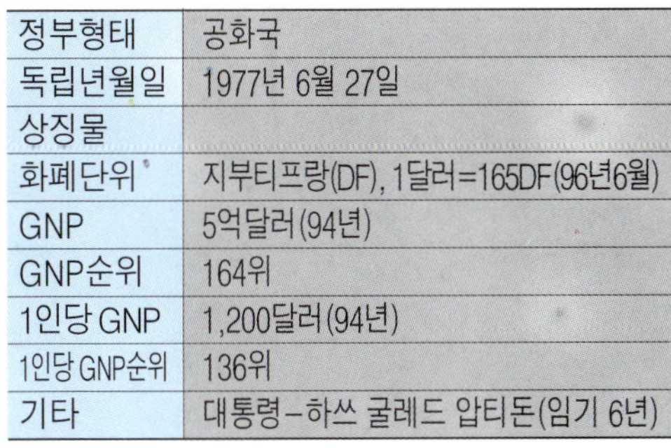

중앙에 이 나라의 방패와 창, 그리고 방패의 양쪽에서 칼을 잡고 있는 검은 손을 두어 이 모두가 국방(國防)을 상징하며, 위에 있는 별은 국기에서와 같이 단합을 상징하고, 나무잎으로 만든 화관(花冠)으로 테두리를 하였다.

지부롤터
(Gibraltar)

정부형태	영국령
독립년월일	1713년 영국 식민지
상징물	
화폐단위	
GNP	
GNP순위	
1인당 GNP	
1인당 GNP순위	
기타	이베리아 반도 남단에 위치

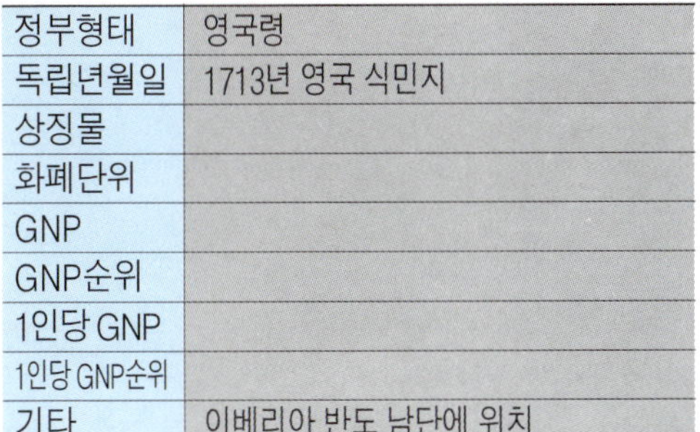

방패문양 속에 국기와 동일한 문양이 들어 있으며, 맨 밑에 있는 두루마리에는 "Montis-Insignia-Calpe"라는 표어가 적혀 있어서 캘프(Caple)가 지브롤터의 원래의 이름이었음을 나타내고 있다.

짐바브웨

(Republic of Zimbabwe)

중앙의 방패문양 윗쪽에는 사자와 엉겅퀴(식물의 이름)가 들어 있는데, 이것은 이 나라의 옛 이름 로데시아(Rhodesia)를 따온 영국의 제국주의자인 세실 로데스(Cecil Rhodes)의 개인문장에서 가져온 것이고, 그 밑에 있는 곡괭이는 광업을 상징하고 있다. 수호자(守護者)는 아프리카의 사블(sable) 영양(羚羊)이며 맨 위에는 이 나라의 상징인 짐바브웨의 새가 있고, 맨 아래에 있는 두루마리에는 "그 이름에 걸맞게 값있게 되기를"이라는 뜻의 말을 라틴어로 적어 놓았다.

정부형태	공화국
독립년월일	1980년 4월 18일
상징물	
화폐단위	짐바브웨달러(ZD), 1달러=9.87ZD(96년6월)
GNP	174억달러(94년)
GNP순위	87위
1인당 GNP	1,580달러(94년)
1인당 GNP순위	125위
기타	대통령-로버트 무가베(임기 6년)

차드

(Republic of Chad)

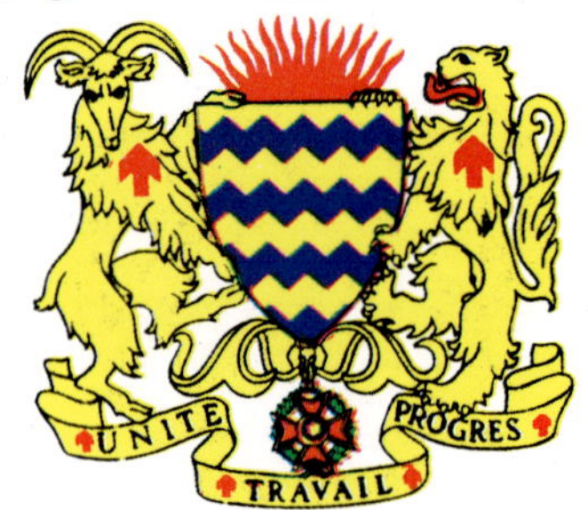

국장의 중앙에 있는 방패문양은 청색과 황색의 파도무늬로 이루어진 것이고, 그 위에 떠오르는 태양을, 수호자(守護者)로서 사자와 영양(羚羊)을, 방패문양 밑에는 이 나라의 최고훈장을, 그리고 맨 밑의 두루마리에는 "통일, 노동, 발전"이라는 표어(標語)가 적혀 있다. 또한 특이한 점이라면 두 수호자의 어깨에 적색의 위로 향한 화살표가 있다는 것이며, 언젠가는 이들에 대한 공식적인 해석이 내려질 것으로 생각된다.

정부형태	공화국
독립년월일	1960년 8월 11일
상징물	
화폐단위	CFA프랑, 1달러=515CFA프랑(96년6월)
GNP	28억달러(94년)
GNP순위	146위
1인당 GNP	530달러(94년)
1인당 GNP순위	176위
기타	대통령-이드리스 데비(임기 5년)

체코공화국

(Czech Republic)

이 나라에는 대(大)국장과 소(小)국장이 있다. 큰 국장에는 한 개의 큰 방패문양 안에 넷으로 구분하여 좌상(左上)과 우하(右下)에는 같은 모양의 도식화(圖式化)한 사자를 넣었는데, 이것은 프라하와 보헤미아의 상징이며, 우상(右上)의 것은 테크 무늬의 독수리로서 이는 모라비아의 상징이며, 좌하(左下)의 검은 독수리는 실레지아(Silezia)의 상징이라고 한다. 또 소국장은 단순한 모양의 방패문양 안에 대국장에 있는 사자가 들어있다.

정부형태	공화국
독립년월일	1993년, 슬로바키아와 연방분리
상징물	나라나무-보리수
화폐단위	코루나(Koruna), 1달러=27.50코루나(96년6월)
GNP	765억달러(94년)
GNP순위	48위
1인당 GNP	7,350달러(94년)
1인당 GNP순위	51위
기타	대통령-바츨라프 하벨(임기 5년)

칠레

(Republic of Chile)

방패문양 속에는 국기의 내용을 넣었으며, 방패문양 양쪽에는 이 나라 특산의 동물이 함께 선미(船尾)의 모양과 돛대의 모양을 교대로 장식한 소위 선박관(船泊冠)을 쓰고 방패를 잡고 있다. 오른쪽은 콘돌 독수리이고, 왼쪽의 사슴은 휴맬(Huemal)사슴이다. 또 방패문양 위 장식인 세 가지 색의 깃털은 또 다른 이 나라의 동물인 아메리카 타조를 상징하며, 맨 아래에 있는 두루마리에는 독립투쟁 당시에 내걸었던 "이성(理性)으로, 아니면 힘으로"라는 표어가 적혀있다.

정부형태	공화국
독립년월일	1810년 9월 18일
상징물	나라꽃-코삐우에
화폐단위	페소(Peso), 1달러=410페소(96년6월)
GNP	980억달러(94년)
GNP순위	41위
1인당 GNP	7,010달러(94년)
1인당 GNP순위	54위
기타	대통령-에두아르도 프레이(임기 6년)

카메룬

(Guam)

방패문양은 삼각형의 형태를 셋으로 나눠, 색채와 색채의 배열을 국기의 것과 같이 하여 바탕색으로 하고, 중앙의 적색 삼각형 부분에는 이 나라의 지도를 넣어 서(西) 아프리카에서 제일 높은 산인 카메룬 산을, 그 위에 있는 칼과 저울은 각각 정의와 단결을, 두 개의 별은 이 나라를 이루고 있는 두 지역을 각각 상징하고 있으며, 뒤에 있는 도끼는 소위 릭토(Lictor)의 도끼로서 권위(權威)의 상징으로 되어 있다. 그리고 위에 있는 두루마리에는 이 나라의 국명과 독립일을, 아래의 것에는 "평화, 노동, 조국"이라는 표어(標語)가 적혀 있다.

정부형태	공화국
독립년월일	1960년 1월 1일
상징물	
화폐단위	CFA프랑, 1달러=515CFA프랑(96년6월)
GNP	157억달러(94년)
GNP순위	94위
1인당 GNP	1,200달러(94년)
1인당 GNP순위	135위
기타	대통령-폴 비야(임기 7년)

카보베르데
(Republic of Cape Verde)

아프리카

정부형태	공화국
독립년월일	1975년 7월 5일
상징물	
화폐단위	에스쿠도(Escudo), 1달러=82.97에스쿠도(96년6월)
GNP	4억 1,000만달러 (94년)
GNP순위	166위
1인당 GNP	1,000달러 (94년)
1인당 GNP순위	147위
기타	대통령-안토니오 마스카레냐스 몬테이로(임기 5년)

국장은 전 국기의 문장과 유사하여, 테두리는 똑같은 내용이나, 흑색 별이 있는 곳이 여러가지 것과 함께 표시되어 있다. 별과 옥수수, 그리고 조개는 국기의 것과 같이 생산되는 식품을 표시하여 그들의 생계를 상징하고 있으며, 별 위에 있는 곡괭이와 책 위에 있는 톱니바퀴는 노동을, 펼쳐져 있는 책은 문화를 각각 상징하고, 가락지 모양의 원에는 포르투갈어로 "통일, 노동, 발전"이라는 모토가 적혀있다.

카자흐스탄
(Republic of Kazakhstan)

유럽

정부형태	공화국
독립년월일	1991년 12월
상징물	
화폐단위	텐게(Tenge), 1달러=67.20텐게(96년6월)
GNP	552억달러 (94년)
GNP순위	59위
1인당 GNP	3,200달러 (94년)
1인당 GNP순위	87위
기타	대통령-누르술탄 나자르바예프(임기 5년)

전체적으로는 하늘색 바탕에 대하여 황금색의 것으로 하고 밑바닥에 카자크 글로 나라 이름을 기록했다. 옛날 유목민들의 집 천정부분인 샤니락(shanirak)이 중앙에 있다. 이것은 카자흐스탄 조상 대대의 생활방식을 상징한다. 그 주위로 유트(yurt)를 지탱하는 구조물처럼 햇살이 펼쳐져 있다. 그리고 양쪽에는 날개가 돋고 뿔이 난 말이 있어서 역사적인 전통과 신앙을 나타내고 있다. 그리고 맨 윗 부분에는 5각별이 있다.

카타르
(State of Qatar)

중동

정부형태	왕국
독립년월일	1971년 9월 3일
상징물	
화폐단위	카타르리얄(Riyal), 1달러=3.64리얄(96년6월)
GNP	107억달러 (94년)
GNP순위	105위
1인당 GNP	2만 820달러 (94년)
1인당 GNP순위	8위
기타	국왕-하메드 빈 할라파 알 타니

중앙의 작은 원 안에는 하늘색 바탕을 배경으로 황금색의 두 자루의 칼이 교차되어 있는 속에 바다가 있고 그 위에 황금색 배와 야자나무가 서 있다. 이 칼은 정의와 힘을, 바다는 삶의 근원인 아라비아만(灣)을, 배는 예전에 사람의 수송이나 무역을 위한 이 나라의 전통적 선박인 도우(Dowh)를, 나무는 농업과 번영을 각각 나타내고 있으며, 밖의 큰 원형 둘레에는 이 나라 국기를 도식화하였고, 맨 위에 국명을 적어 놓았다.

캄보디아
(Cambodia)

아시아

정부형태	입헌군주군
독립년월일	1953년 11월 9일
상징물	
화폐단위	리엘(Riel), 1달러=2,300리엘(96년6월)
GNP	64억달러 (94년)
GNP순위	124위
1인당 GNP	630달러 (94년)
1인당 GNP순위	171위
기타	국왕-노로돔 시아누크

국장의 중앙에는 이 나라의 문명이며 위대한 캄보디아의 상징인 '앙코르 와트' 사원의 세 개의 탑이 실재의 모양대로 들어있고, 이것의 배후에는 나라의 재탄생(再誕生)을 상징하는 태양과 그의 휘금색 광신이 사원의 주위를 빛내고 있으며, 그 아래에는 "캄보디아"라는 글이 들어있다. 그리고 국장의 하반부에는 벼를 꽃다발처럼 묶어서 장식하였다.

캐나다
(Canada)

아메리카

정부형태	연방다당의회제도국(聯邦多黨議會制度國)
독립년월일	1867년 7월 1일
상징물	나라나무-사탕단풍나무
화폐단위	캐나다달러(C$), 1달러=1.37캐나다달러(96년6월)
GNP	6,398억달러 (94년)
GNP순위	12위
1인당 GNP	2만 2,760달러 (94년)
1인당 GNP순위	4위
기타	

종주국인 영국의 것을 답습하였는데, 방패문양은 횡으로 3등분하고 위 두 칸을 다시 넷으로 나누어 우하의 칸만을 제외하고는 영국의 방패문양을 그대로 옮겼으며, 우하에는 프랑스를 상징하는 흰 나리 꽃 문장을, 맨 밑에는 나라의 상징인 샤탕단풍 잎이 달린 나무가지를 넣었다. 투구는 왕실의 것이며, 다시 그 위에는 샤탕단풍 잎을 들어 세계 제1차대전 때 전몰한 사람들을 기념하며 왕관을 쓴 사자가 있다. 양 옆의 수호자도 영국의 것과 같이 사자와 일각수(一角獸)로 하였으며, 이들은 각각 영국 국기와 프랑스를 상징하는 기를 들고 있다. 맨 밑에는 이 나라를식민지로 하였던 네 나라들을 각기 그들의 국화로서 상징하였다.

케냐
(Republic of Kenya)

중앙의 방패문양은 국기의 색을 그대로 옮겨 왔으나, 가운데의 적색 바탕에는 도끼를 들고 있는 젊은 수탉을 넣었다. 이것은 새로운 변혁에 가득찬 생활을 상징하는 것으로도 풀이되고 있으며, 수호자(守護者)로서는 사자가, 방패문양을 세운 대지(臺地)는 케냐산을 뜻하고, 이 대지 위에는 커피, 차, 흰 양국(chamomile)과 사이살마(麻) 등 농산물이 있다. 그리고 맨 밑에 있는 두루마리에는 스와힐리(Swahili)어로 쓴 "우리 다함께 일하자"라는 표어(標語)가 적혀 있다.

정부형태	공화국
독립년월일	1963년 12월 12일
상징물	
화폐단위	케냐실링(Shilling), 1달러=57.45실링(96년6월)
GNP	331억달러(94년)
GNP순위	69위
1인당 GNP	1,170달러(94년)
1인당 GNP순위	137위
기타	대통령-다니엘 아람 모이(임기 5년)

케이만제도
(Cayman Islands)

문장의 중심을 이루는 것은 단조로운 적색의 방패문양으로서, 그 속에는 위에 황금색 영국 사자가 있으며, 그 밑에는 바다를 뜻하는 백·청의 줄무늬에 세 개의 황금 테를 두른 5각의 녹색 별이 있다. 이 세 개의 별은 이 나라의 세 개의 주된 섬을 나타내고 있다. 방패문양 위의 장식에는 파인애플과 녹색 거북이가 있으며, 아래에 있는 두루마리에는 "하느님이 이 땅을 바다 위에 이루셨다"라고 쓰여 있다.

정부형태	영국령
독립년월일	
상징물	
화폐단위	케이만, 1달러=0.828케이만 달러(94년)
GNP	
GNP순위	
1인당 GNP	
1인당 GNP순위	
기타	카리브해의 금융중심지

코모로
(Federal Islamic Republic of the Comoros)

이제까지 입수된 이 나라의 국장은 원색이 아닌 흑백(黑白)의 것으로, 그나마도 이에 대한 적절한 해석을 얻지 못하였다. 심지어 뉴욕에 있는 이 나라의 UN주재 대표부에 있는 그 나라 출신인 직원도 모르고 있으니, 언젠가 그 나라에 직접 가서 해답을 구할 수밖에 없게 되었다. 국장에 있는 초승달과 이 달 속에 삽입한 네 개의 별은 국기의 것과 같이 네 개의 중요 섬을 상징하고 있을 것으로 생각되며, 그 배경에 있는 것은 태양과 그 빛살을 도식화(圖式化)한 것으로 추정되나 이를 확인할 수 없다. 이것에 대하여도 후일 분명한 자료를 입수하게 되면 이를 보완하도록 하겠다.

정부형태	회교연방공화국
독립년월일	1975년 7월 6일
상징물	
화폐단위	코모로프랑(CFA프랑과 등가), 1달러=386CFA(96년6월)
GNP	3억 7,000달러(94년)
GNP순위	170위
1인당 GNP	700달러(94년)
1인당 GNP순위	169위
기타	대통령-모하메드 타키 압둘카림(임기 5년)

코스타리카
(Republic of Costa Rica)

황금색으로 멋있게 틀을 한 방패문양 속에 바바(Barba), 이라즈(Irazu) 및 포스(Poas)의 세 화산을 상징하는 갈색인 세 개의 산이 있고, 이 산의 앞뒤에는 이 나라의 위치를 상징하듯 카리브해와 태평양을 나타내는 두 바다가 있으며, 자유를 상징하는 황금색 태양이 저 멀리 지평선(地平線)에서 떠오르고 있다. 또 산위의 맑은 하늘에는 7개의 5각별이 있어서 이 나라의 7개의 주(州)를 나타내고 있다. 그리고 이들 별 위에는 백색의 두루마리가 있어서 이 나라의 국명을 청색으로 써놓았고, 맨 위의 하늘색의 두루마리에 진한 청색으로 써놓은 중앙아메리카라는 글이 있다.

정부형태	공화국
독립년월일	1821년 9월 15일
상징물	나라꽃-카트레아
화폐단위	콜론(Colon), 1달러=207콜론(96년6월)
GNP	169억달러(94년)
GNP순위	90위
1인당 GNP	5,050달러(94년)
1인당 GNP순위	64위
기타	대통령-호세 마리아 피게레스(임기 4년)

코트디부아르
(Republic of Cote d' Ivoire)

중앙의 방패문양은 바탕을 녹색으로 하고 백색 코끼리의 머리 부분을 넣었으나 테두리는 오렌지색에 가까운 황색으로 하였다. 방패문양 중앙의 코끼리는 이 나라에 서식하고 있다는 것과 함께, 이 나라의 독립에 크게 이바지한 코트디부아르 민주당(民主黨)의 당문(黨紋)을 옮긴 것이라고 하며, 이 코끼리의 상아(象牙)가 바로 이 특이한 나라 이름의 근원(根源)인 것이다.

정부형태	고오하국
독립년월일	1960년 8월 7일
상징물	나라나무-야자나무
화폐단위	
GNP	205억달러(94년)
GNP순위	82위
1인당 GNP	1,430달러(94년)
1인당 GNP순위	128위
기타	대통령-앙리 코난 베디에(임기 5년)

정부형태	공화국
독립년월일	1810년 7월 20일
상징물	나라꽃-카트레아
화폐단위	페소(Peso), 1달러=1,071페소(96년6월)
GNP	1,720억달러(94년)
GNP순위	30위
1인당 GNP	4,850달러(94년)
1인당 GNP순위	69위
기타	대통령-에르네스토 삼페르(임기 4년)

3등분 된 방패문양 맨 윗칸에는 석류꽃을 넣어 이 나라의 옛이름인 "누에바 그라나다"를 뜻하며; 그 옆의 양의 뿔은 풍요를 상징함과 동시에, 뿔들이 그 속에 금화와 열매를 가득히 담고 있어서 풍부한 광물자원과 비옥한 토지를 각각 나타낸다. 가운데 칸의 창 위에 꽂힌 빨간 모자는 자유를 뜻하며; 맨 아래 칸에는 두 바다와 떠 있는 두 척의 돛단배, 그리고 지협(地峽)을 넣어 각각 태평양과 대서양, 그리고 파나마 해협의 중요성을 나타낸다. 또 독수리가 물고 있는 것은 승리를 뜻하는 월계수의 가지이며, 독수리의 발 가에는 "자유"와 "질서"라고 쓴 두루마리가 있다.

콜롬비아
(Republic of Colombia)

정부형태	사회주의공화국
독립년월일	1902년 5월 20일
상징물	
화폐단위	페소(Peso), 1달러=1페소(96년6월)
GNP	140억달러(94년)
GNP순위	97위
1인당 GNP	1,260달러(94년)
1인당 GNP순위	132위
기타	평의회의장-피델 카스트로

옛부터 공화주의(共和主義)의 두 가지 상징인 자유의 모자와 속간(束桿)을 이 나라의 대표적인 경관(景觀)을 그려 방패문양 속에 넣은 것이다. 방패문양의 맨 위 칸에 있는 바다 경치와 열쇠는 멕시코만(灣)에서의 열쇠에 해당하는 이 나라의 중요한 위치를 나타내는 것이며, 그 밑의 좌측칸에 비스듬이 놓여있는 청·백의 줄무늬는 국기 속의 것과 마찬가지로 국기 제정 당시의 3개의 주를 뜻하며, 오른쪽의 야자나무는 국토의 활력과 비옥함을 상징하고 있다.

쿠바
(Republic of Cuba)

정부형태	입헌군주국
독립년월일	1961년 6월 19일
상징물	
화폐단위	쿠웨이트디나르(KD),1달러=0.3디나르(96년6월)
GNP	307억달러(94년)
GNP순위	72위
1인당 GNP	1만 6,900달러(94년)
1인당 GNP순위	22위
기타	국왕-자비르 알 아흐마드 알 사바

쿠웨이트의 용기를 상징하는 매를 넣어 활짝 편 날개로서 국장을 테두리 하였고, 매의 가슴 부분에 이 나라 국기 모양을 딴 방패문양을 넣었다. 국장의 맨 윗부분에는 국명을 적어 넣었으며, 국장 중앙부분에는 바다와 항해(航海)하고 있는 범선이 있는데, 항해와 조선(造船)을 자랑삼고 있는 이 나라가 범선 "다우"로서 이를 나타낸 것이다.

쿠웨이트
(State of Kuwait)

정부형태	공화국
독립년월일	1991년 6월
상징물	
화폐단위	쿠나(Kuna), 1달러=5.41쿠나(96년6월)
GNP	124억달러(94년)
GNP순위	101위
1인당 GNP	2,640달러(94년)
1인당 GNP순위	102위
기타	대통령-프란요 투즈만(임기 5년)

단순한 모양의 방패문양 안에 25개의 적·백 사각형이 체크 모양으로 교대로 들어 있고, 그 위에 5개의 봉우리를 갖는 왕관이 얹혀있다. 이 왕관은 5개의 작은 방패로 나뉘어 각각 역사적인 문장이 들어 있는데, 좌측부터 시작하여 가장 오래된 문장, 드브로닉(Dubrovnik) 공화국의, 달마티아(Dalmatia)의, 이스트리아(Istria)의, 그리고 슬라베니아(Slavonia)의 것이다. 그리고 국장의 테두리는 모두 적색 선으로 하였다.

크로아티아
(Republic of Croatia)

정부형태	공화국
독립년월일	1979년 7월 12일
상징물	
화폐단위	호주달러, 1달러=1.43호주달러(96년6월)
GNP	6,200만달러(94년)
GNP순위	181위
1인당 GNP	800달러(94년)
1인당 GNP순위	160위
기타	대통령-테부로로 티토

국장은 국기를 그대로 방패문양 속에 삽입한 것으로 아래의 파도 무늬는 태평양을, 또 떠오르는 태양과 그 위를 나르는 군함조로 이루어 졌다. 밑에 있는 두루마리에는 "행복과 평화와 번영"이라는 모토가 적혀 있다.

키리바시
(Republic of Kiribati)

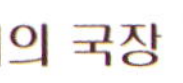

키프로스

(Republic of Cyprus)

동색으로 칠해진 간결한 방패문양 속에 평화를 상징하는 비둘기가 이 역시 평화와 화합을 뜻하는 올리브나무 가지를 물고 있으며, 1960년이란 숫자는 이 나라가 독립한 해를 나타내고 있다. 그리고 방패문양을 감싸고 있는 것은 월계수나무 가지이다.

정부형태	공화국
독립년월일	1960년 8월 16일
상징물	
화폐단위	키프로스파운드, 1달러=0.47키프로스파운드(96년6월)
GNP	73억달러(94년)
GNP순위	119위
1인당 GNP	1만 2,500달러(94년)
1인당 GNP순위	32위
기타	대통령-글라프코스 클레리데스(임기 5년)

타이

(Kingdom of Thailand)

힌두교에서의 전설적인 새(鳥) "가루다"를 도식화(圖式化)한 것으로서, 신화에 의하면, 이 가루다는 용기의 신 "푸라 나라이"의 시종(侍從)으로 일체의 사악(邪惡)을 물리칠 수 있었던 것으로 알려져 있다.

정부형태	입헌군주국
독립년월일	1350년
상징물	나라꽃-벼
화폐단위	바트(Baht), 1달러=25.39바트(96년6월)
GNP	3,552억달러(94년)
GNP순위	17위
1인당 GNP	5,970달러(94년)
1인당 GNP순위	58위
기타	국왕-푸미폰 아둔야뎃

탄자니아

(United Republic of Tanzania)

방패문양을 횡으로 4등분하여, 맨 위에는 불타고 있는 횃불을 넣어 자유와 지식을; 둘째 칸에는 국기를 넣어 국가를; 셋째 칸에는 도끼와 괭이를 넣어 개발을, 그리고 창으로는 국방을; 맨 아래 칸에는 파도 무늬를 넣어 이 나라가 면하고 있는 인도양을; 대지로서의 산은 킬리만자로 산을, 대지 위에 있는 커피나무와 목화는 이 나라의 중요 농산물임을 각각 상징하고 있으며, 두 수호자는 이 나라의 국민으로 각각 상아와 방패를 잡고 있다. 그리고 맨 밑에 있는 두루마리에는 스와힐리(Swahili)어로 "자유와 단결"이라는 모토를 적어 놓았다.

정부형태	공화국
독립년월일	1961년 12월 9일
상징물	
화폐단위	탄자니아실링, 1달러=613실링(96년6월)
GNP	210억달러(94년)
GNP순위	81위
1인당 GNP	700달러(94년)
1인당 GNP순위	165위
기타	대통령-벤자민 윌리엄 음카파(임기 5년)

터크스케이커스제도

(Turks and Caicos Islands)

국기 속의 문장을 중심으로 하여, 그 위에 투구가 있고, 다시 그 위에 두 시살(sisal)나무[용설란(龍舌蘭)의 일종으로 로우프 섬유가 나옴] 사이에 펠리칸 새가 서 있으며, 이 방패문양을 양쪽에서 홍학(紅鶴)이 잡고 있다.

정부형태	영국령
독립년월일	
상징물	
화폐단위	미국 달러
GNP	
GNP순위	
1인당 GNP	
1인당 GNP순위	
기타	주산업은 수산업, 관광업

터키

(Republic of Turkey)

타원형으로 된 국기를 별이 위로 가게끔 세워놓은 것처럼 되어 있으며, 그 속에 아치형을 이루는 형태로 이 나라의 국명을 써 넣었다. 이들이 상징하고 있는 뜻은 국기의 것과 동일하다.

정부형태	공화국
독립년월일	1923년 10월 29일
상징물	나라꽃-튤립
화폐단위	터키리라(TL), 1달러=8만1,746리라(96년6월)
GNP	3,052억달러(94년)
GNP순위	19위
1인당 GNP	4,910달러(94년)
1인당 GNP순위	67위
기타	대통령-술레이만 데미렐(임기 7년)

토고 (Republic of Togo)

아프리카

정부형태	공화국
독립년월일	1960년 4월 27일
상징물	
화폐단위	CFA프랑, 1달러=515CFA프랑(96년6월)
GNP	33억달러(94년)
GNP순위	144위
1인당 GNP	800달러(94년)
1인당 GNP순위	159위
기타	대통령-그나싱베 에야데마(임기 5년)

방패문양 속에는 이 나라 국명의 약자가 들어 있고, 수호자인 사자는 국민의 용기를, 사자가 들고 있는 활과 화살은 나라의 자유를 적극적으로 지키기를 국민에게 호소함을 각각 상징하고 있으며, 두루마리에는 "노동, 자유, 조국"이라는 표어가 적혀있다.

통가 (Kingdom of Tonga)

오세아니아

정부형태	입헌군주국
독립년월일	1970년 6월 4일
상징물	
화폐단위	파앙가(Pssnga. T$), 1달러=1.23T$(96년6월)
GNP	2억 1,400만달러(94년)
GNP순위	175위
1인당 GNP	1,640달러(94년)
1인당 GNP순위	124위
기타	국왕-타우 파하우 투포우 4세

왕장(王章)으로, 맨 위에 밤나무 잎을 두룬 왕관이 있는데, 밤나무 잎은 옛날에 추장이 이 잎을 붙여서 생사에 관한 문제를 결정하였다는 것에서 유래되었으며, 여기에서는 주권의 운명이 하느님의 손에 달려있음을 나타내는 것이라고 한다. 넷으로 나뉜 방패문양 중심에는 십자가를 넣었고, 좌상의 칸에는 3개의 별을 넣어 나라를 구성하고 있는 세 개의 중요한 섬을, 좌하에는 비둘기가 천인화(天人花)의 잎을 물어 평화와 국가통일을, 우하의 세 자루의 검은 오늘의 왕가가 세 왕조의 피를 계승하고 있음을 상징한다. 배경으로는 두 개의 국기를 넣었으며, 밑에 있는 두루마리에는 "하느님과 통가는 내가 조상으로부터 승계한 것이다"라는 글이 적혀있다.

투르크메니스탄 (Republic of Turkmenistan)

유럽

정부형태	공화국
독립년월일	1991년 10월
상징물	
화폐단위	마나트(Manat) 1달러=4,300마나트(96년6월)
GNP	131억달러(94년)
GNP순위	100위
1인당 GNP	3,280달러(94년)
1인당 GNP순위	86위
기타	대통령-사파르 무라드 니야조프(임기 5년)

백색의 선으로 구분된 세 개의 동심원(同心圓)으로 구성되고 있다. 중앙의 하늘색 바탕에는 백마 기라트가 있는데, 이 말은 투르크멘 사람들의 자랑이다. 그 바깥 가장자리인 황금색 원에는 국기에 있는 것과 같은 모양의 다섯 가지 카펫트 천이 들어있다. 맨 바깥 원의 위에는 백색의 초승달과 5개의 백색 별이 있고, 그 외에 양쪽 윗 부분에는 황금색 보리의 화관(花冠)이, 아래 쪽에는 백색의 목화가 녹색 잎과 함께 들어있다. 이 보리 이삭은 손님을 빵과 소금으로 환영하는 이 나라의 풍습을 암시하는 것이라고 한다.

투발루 (Tuvalu)

오세아니아

정부형태	입헌군주국
독립년월일	1978년 10월 1일
상징물	
화폐단위	투발루달러와 호주달러 (상호등가)
GNP	640억달러(90년)
GNP순위	53위
1인당 GNP	700달러(90년)
1인당 GNP순위	164위
기타	원수-영국 여왕

방패문양 속에 이 나라가 태평양 상에 위치해 있음을 황·청의 파도무늬로서 상징하였으며, 그 위에 있는 집은 이 나라 사람들의 전통적 모임의 집인 마니파(Maneapa)를 표시한 것이다. 그리고 방패문양 테두리에 있는 국토의 비옥함을 상징하는 8개의 바나나 잎과 8개의 조개는 사람이 살고 있는 8개의 섬을 상징하는 것이라고 하며, 밑에 있는 두루마리에는 "투발루는 하느님을 위하여"라는 모토가 적혀있다.

튀니지 (Republic of Tunisia)

아프리카

정부형태	공화국
독립년월일	1956년 3월 20일
상징물	나라꽃-아카시아
화폐단위	튀니지디나르(Dinar), 1달러=0.98디나르(96년6월)
GNP	371억달러(94년)
GNP순위	67위
1인당 GNP	4,250달러(94년)
1인당 GNP순위	77위
기타	대통령-진 알-아비딘 벤 알리(임기 5년)

맨 위에 국기의 것과 똑같은 회교의 심벌을 넣었고, 아래에 있는 방패문양을 셋으로 나눠, 위에는 범선(帆船)을 넣어 이 나라에 처음 발을 들여놓은 페니키아(Phoenicia)인 선원을 표시하여 자유를, 왼쪽 밑에는 저울을 넣어 정의(正義)를, 오른쪽 밑에는 사자를 넣어 질서를 각각 상징하고 있으며, 중앙에 있는 두루마리에는 "질서, 자유 및 정의"라는 모토가 적혀 있다.

트리니다드토바고
(Republic of Trinidad and Tobago)

중앙에 방패문양과 이를 잡고 있는 두 마리의 텃새, 그리고 그 위에 투구와 장식, 야자나무와 선박을 운전하는 타륜(舵輪)이 있고, 이들은 국토와 바다를 상징하는 기반 위에 올려져 있다. 방패문양 속에는 맨 위에 두 마리의 벌새가 있고, 그 밑의 콜럼부스 선대(船隊)의 배 세척이 들어 있으며, 맨 밑의 두루마리에는 "우리는 다함께 대망(大望)을 품고, 우리는 다함께 성취(成就)한다"라고 쓰여있다.

정부형태	공화국
독립년월일	1962년 8월 31일
상징물	나라꽃-차코니아, 나라새-벌새
화폐단위	트리니다드토바고(TT)달러, 1달러=5.74TT달러(96년6월)
GNP	150억달러(94년)
GNP순위	98위
1인당 GNP	11,280달러(94년)
1인당 GNP순위	35위
기타	대통령-누어 모하메드 하사날리(임기 5년)

파나마
(Republic of Panama)

횡으로 3등분 된 방패문양의 맨 윗 칸은 다시 세로로 2등분 되어, 좌측칸에 있는 총과 칼은 과거의 내전을 뜻하며, 이는 다시 우측 칸의 삽과 곡괭이로 하여금 내전을 끝내고 평화적인 노동에 전념해야 함을 나타낸다. 가운데 칸의 하천은 운하를, 해와 달은 신대륙의 여명시대에 독립하였다는 것을; 맨 아래 칸의 "풍요의 뿔"과 날개가 달린 바퀴는 번영과 발전을 상징한다. 독수리가 물고 있는 리본에는 국민의 표어인 "세계의 이익을 위하여"라는 말이 쓰여 있다. 또 맨 위에 있는 9개의 별은 9개 주(州)를 나타내며, 방패문양 뒤에는 두 개씩 짝지워 교차시킨 국기가 있다.

정부형태	공화국
독립년월일	1903년 11월 3일
상징물	나라식물-파나마풀
화폐단위	발보아(Balboa), 달러와 등가
GNP	123억달러(94년)
GNP순위	102위
1인당 GNP	4,670달러(94년)
1인당 GNP순위	72위
기타	대통령-에르네스토페레스 발라다레스(임기5년)

파라과이
(Republiic of Paraguay)

원형의 국장 중앙에 빛을 발하고 있는 황색 별을 넣어 "5월의 별"을 상징하게 하였는데, 평화적 승리의 영광과 지배권을 나타내며, 이 별을 감싸고 있는 화관(花冠)은 좌측에 야자나무 잎과 우측에 올리브나무 가지로 하여 각각 명예와 평화를 상징하고, 그 위에는 파라과이 공화국이라 써놓았다. 뒷면의 국고인장에는 해방된 노예들이 전통적 상징인 자유를 뜻하는 프리기안(Phrygian) 모자를 사자가 지키고 있고, 모자 바로 밑에는 "평화와 정의"라고 쓰여 있으며, 그 위에 역시 큰 글자로 파라과이 공화국이라고 쓰여있다.

정부형태	공화국
독립년월일	1811년 5월 14일
상징물	나라꽃-밤축제꽃
화폐단위	과라니(Guarani), 1달러=2,050과라니(96년6월)
GNP	154억달러(94년)
GNP순위	95위
1인당 GNP	2,950달러(94년)
1인당 GNP순위	96위
기타	대통령-후안카를로스 와스모시(임기5년)

파키스탄
(Islamic Republic of Pakistan)

맨 위에 회교를 상징하는 녹색의 초승달과 별을 국기와는 반대방향으로 향하게끔 넣었고, 그 밑에 있는 방패문양은 4등분하여 이 나라의 중요 농산물들을 넣었는데, 좌상에는 목화를, 우상에는 차나무를, 좌하에는 보리를, 우하에는 쥬트마(麻)가 들어 있다. 방패의 테두리는 수선화이며, 맨 밑의 두루마리에는 "신뢰(信賴), 단결, 규율(規律)"이라 적혀있다.

정부형태	회교연방공화국
독립년월일	1947년 8월 14일
상징물	나라꽃-쟈스민
화폐단위	루피(Rupee), 1달러=13.13루피(96년6월)
GNP	2,490억달러(94년)
GNP순위	23위
1인당 GNP	1,930달러(94년)
1인당 GNP순위	118위
기타	대통령-파루크 레가리(임기 5년)

파푸아뉴기니
(Papua New Guinea)

이 나라의 상징이며 국조(國鳥)인 극락조(極樂鳥)가 중심을 이루고 있는데 , 이 극락조는 이 나라에서만 발견되는 유일한 새이며, 이 새는 쿤두(Kundu)라고 불리는 이 나라의 전통적인 북과 창 위에 앉아 있으며, 맨 밑에는 이 나라의 국명이 적혀있다.

정부형태	입헌군주국
독립년월일	1975년 9월 16일
상징물	나라새-극락조(極樂鳥)
화폐단위	키나(Kina), 1달러=1.29키나(96년6월)
GNP	92억달러(94년)
GNP순위	113위
1인당 GNP	2,200달러(94년)
1인당 GNP순위	111위
기타	원수-영국 여왕

정부형태	공화국
독립년월일	1821년 7월 28일
상징물	나라꽃-칸투타(Cantuta)
화폐단위	솔(Sol), 1달러=2.54솔(96년6월)
GNP	736억달러(94년)
GNP순위	50위
1인당 GNP	3,110달러(94년)
1인당 GNP순위	90위
기타	대통령-알베르토 후지모리(임기 5년)

방패문양은 횡으로 2등분하고 다시 윗칸은 세로로 2등분하여 좌측에는 황금색 라마(Llama;동물이름)를 넣어 이 나라의 동물상을, 우측칸에는 기나수(나무이름)를 넣어 역시 이 나라의 식물상을 표시하였으며, 아래 칸에는 금화를 쏟아내고 있는 황금색의 "풍요의 뿔"이 있어서 이 나라의 풍부한 광물자원을 나타내고 있다. 또 방패문양 위에는 떡갈나무 화관(花冠)이 있어서, 이 나라의 수도 리마(Lima)에 경의를 표하고, 이 문양 뒤에는 한쌍씩 짝지워 교차시킨 민용기(民用旗)기와 공용기(公用旗)가 있다.

페루
(Republic of Peru)

정부형태	공화국
독립년월일	약 1140년
상징물	
화폐단위	에스쿠도(Escudo), 1달러=157에스쿠도(96년6월)
GNP	1,070억달러(94년)
GNP순위	39위
1인당 GNP	1만 190달러(94년)
1인당 GNP순위	37위
기타	대통령-조르제 삼파이오(임기 5년)

천구의(天球儀) 중앙의 작은 백색 방패문양 속에 있는 십자형으로 배열된 제일 작은 5개의 청색 방패는 첫번째 왕이 무어인과 싸워 무어인 다섯 왕에게 다섯 개의 방패를 잃어가면서도 승리하여 이 나라가 다시 기독교 국가로 된 것을 기념하며, 제일 작은 청색 방패 속의 5개의 흰점은 그를 승리하도록 이끌어준 하나님의 도움을 기념하여, 그리스도의 상처를 상징하는 5개의 탄환을 방패에 표시한 것이다. 또 흰 방패 주위의 적색 바탕의 방패문양에 들어있는 7개의 황색 성채는 무어인에게서 빼앗은 7개의 성을 뜻한다. 테두리는 월계수 나무의 가지이다.

포르투갈
(Republic of Portugal)

정부형태	영국령
독립년월일	
상징물	
화폐단위	포크랜드 파운드, 영국 파운드와 등가
GNP	
GNP순위	
1인당 GNP	
1인당 GNP순위	
기타	주산업은 양목, 우표와 동전 판매가 유명하다.

중심을 이루는 것은 방패문양으로서, 위에는 청색바탕에 뿔이 없고, 거세(去勢)되지 않은 숫양이 터싸스(tussac) 풀 위에 서 있어서 양의 양식(養殖)이 이곳 경제의 기본임을 상징하며, 아래에는 물결모양으로 하여 돛대가 셋 달린 버먼이 있어서 영국인 항해가(航海家)가 이곳을 처음 발견할 때 타고 온 "디자이어(Desire)"호를 상징하고 있다. 이 선박의 이름은 밑에 있는 두루마리에 있는 글 "Desire The Right"에도 들어있다.

포클랜드제도
(Falkland Islands)

정부형태	공화국
독립년월일	1918년 11월 10일
상징물	
화폐단위	즐로티(Zloty), 1달러=2.72즐로티(96년6월)
GNP	1,911억달러(94년)
GNP순위	25위
1인당 GNP	4,920달러(94년)
1인당 GNP순위	66위
기타	대통령-알렉산드르 크바스니에프스키

국장은 국기의 색과 같이 백·적의 2색으로 하여, 13세기 이래의 이 나라의 상징인 흰색 독수리를 적색바탕이 방패문양 속에 넣은 것이다.

폴란드
(Republic of Poland)

정부형태	미국 자치령
독립년월일	1952년 미국과 자치연합으로 자치권 획득
상징물	
화폐단위	미국 달러
GNP	253억달러(94년)
GNP순위	73위
1인당 GNP	7,020달러(94년)
1인당 GNP순위	53위
기타	카리브해에 위치

그림은 이 나라의 문장으로 국장은 없음.

푸에르토리코
(Commonwealth of Puerto Rico)

프랑스

(French Republic)

국장의 중심을 이루고 있는 것은 이것을 들고 집정관(執政官) 등에 시종(侍從)하며 죄인을 처형하던 관리인 릭터(Lictor)의 도끼로서, 이 도끼는 로마시대 이후 권위의 상징으로 되어 있다. 또 이 도끼를 둘러싸고 있는 것은 떡갈나무의 가지와 잎으로서, 이 나무는 고대 프랑스에서 신성시된 나무로 정통(正統)임을 뜻하며, 그 잎은 평화와 다산(多産)을 뜻한다고 한다. 또 도끼를 감고 있는 리본에는 "자유, 평등, 박애"라는 프랑스 혁명 이후의 이 나라의 이념을 적어 놓았으며, 이것들을 둘러싸고 있는 것은 이 나라의 최고훈장인 "Legion of Honour"이다.

정부형태	공화국
독립년월일	843년 8월
상징물	나라꽃-은방울꽃
화폐단위	프랑스프랑(Franc), 1달러=5.15프랑(96년6월)
GNP	1조 800억달러(94년)
GNP순위	4위
1인당 GNP	1만 8,670달러(94년)
1인당 GNP순위	15위
기타	대통령-자크 시라크(임기 7년)

피지

(Republic of Fiji)

중심을 이루는 방패문양은 국기의 것과 같으며 방패문양 위에는 뱃전 밖으로 돌출한 막대 끝에 안정용(安全用)으로 장치한 부재(浮材)를 단 카누가 있고, 두 수호자(守護者)는 각기 옛적의 전통적 무기를 들고 있는 원주민이며, 맨 밑에 있는 두루마리에는 "하느님을 두려워하고 국왕을 명예(名譽)롭게 하라"라는 이 나라의 모토가 적혀있다.

정부형태	공화국
독립년월일	1970년 10월 10일
상징물	
화폐단위	피지달러(F$), 1달러=1.47F$(96년6월)
GNP	43억달러(94년)
GNP순위	133위
1인당 GNP	5,650달러(94년)
1인당 GNP순위	60위
기타	대통령-카미세세 마라(임기 5년)

핀란드

(Republic of Finland)

이 나라의 국장은 적색 바탕의 방패문양 속에 칼을 잡고 또 밟고 서 있는 황금색 사자로 이루어져 있다. 서 있는 황금색 사자는 왕관을 쓰고 갑옷을 입고 오른 발로는 은칼을 잡고 있으며, 발밑에 있는 동양의 무기인 반월도(半月刀)는 타타스(Tartars)인, 스웨덴인, 그리고 기타의 적들이 이 나라를 위협하고 있다는 위험을 나타내고 있다. 그리고 사자 주위에 있는 9개의 흰 장미꽃은 이 나라의 9개의 역사적 지역을 말하고 있다.

정부형태	공화국
독립년월일	1917년 12월 6일
상징물	나라꽃-독일방울꽃
화폐단위	마르카(Markka), 1달러=4.63마르카(96년6월)
GNP	818억달러(94년)
GNP순위	47위
1인당 GNP	1만 6,140달러(94년)
1인당 GNP순위	25위
기타	대통령-마르티 아티사리(임기 6년)

필리핀

(Republic of Phillippines)

방패문양 속의 중앙에는 국기 속의 8개 빛살의 황금색 태양을, 방패를 셋으로 나눈 윗칸에는 국기의 백색 바탕에 역시 국기 속의 3개의 별이 들어있다. 아래쪽의 두 칸에는 오른쪽에 국기의 색인 적색 바탕에 서있는 사자상을 넣어 혁명에 대한 경고(警告)를, 왼쪽에는 국기의 청색 바탕에 흰머리 독수리를 넣어 평화를 상징하게 하였다고 한다.

정부형태	공화국
독립년월일	1946년 7월 4일
상징물	나라꽃-삼파기타
화폐단위	페소(Peso), 1달러=26.50페소(96년6월)
GNP	1,610억달러(94년)
GNP순위	33위
1인당 GNP	2,310달러(94년)
1인당 GNP순위	108위
기타	대통령-피델 라모스(임기 6년)

헝가리

(Republic of Hungary)

방패문양과 왕관으로 구성되어 있는데, 방패문양은 세로로 2등분되어, 왼쪽에는 적색과 은색으로 차례로 가로로 한 7개의 줄무늬가 있고, 우측에는 3개의 산봉우리와 그 위에 얹힌 황금색의 보관(寶冠), 그리고 그 위로 은색의 총대주교(總大主敎)의 십자가가 있다. 그리고 맨 위에 있는 것은 이 나라의 "성스러운 왕관"이다.

정부형태	공화국
독립년월일	1918년 11월 16일
상징물	나라꽃-튜립
화폐단위	포린트(Forint), 1달러=154포린트(96년6월)
GNP	590억달러(94년)
GNP순위	55위
1인당 GNP	5,700달러(94년)
1인당 GNP순위	59위
기타	대통령-아르파르 콘츠(임기 5년)

고대기와 역사적인 기

Dannebrog

지금의 덴마크 왕장과 똑같은 형식의 것이 1398년에 있었던 것으로 확인된다고 한다. 14세기 말의 '게르레 문장록(紋章錄)'에 있는 이 문장은 Dannebrog를 그린 사료(史料)로서는 제일 오래된 것이다.

고대(古代)기

옛적 막대기로 단색의 천을 묶어 손쉽게 만들었던 Vexilloid의 좋은 예이다.

율리우스 기

1512년 7월 24일 알렉산드리아에 집결한 스위스 군대에 마테우스 시나 추기경이 기를 수여하여, 스위스 군대에 명예를, 교황 율리우스에게는 승리를, 그리고 추기경 자신에게는 찬사(讚辭)가 돌아왔다고 한다.

징기스 칸의 구미군기(九尾軍旗)

기록에는 '1206년 Onon강 원류(源流)의 땅에 이르러 9개의 발(足)을 가진 백색의 큰기를 땅에 세우고 징기스칸의 칭호를 바쳤다'라고 되어 있다. 9개의 발이란 이 3각기의 테두리를 불꽃 모양으로 장식한 것으로 9개의 몽골부족을 뜻하며, 이 꼬리 부분에는 그 당시 그들에게 큰 역할을 하였던 야크(동물이름)의 꼬리를 달았으며, 이 백색기의 중앙에는 나래를 활짝 펴고 날고있는 큰 독수리를 그려 넣었다.

분도슈 기

1502년에서 1517년에 걸쳐 절정에 달했던 독일 농민들에 의한 분도슈 운동은 농노제도(農奴制度)의 폐지와 성직자(聖職者)나 귀족들로부터의 억압적인 세금제도와 속박의 완화를 요구한 운동이다.

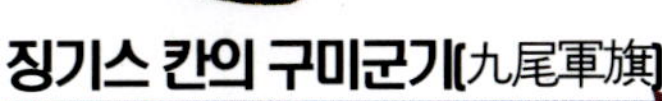

콜럼부스의 원정기

과델루뻬의 성모기(聖母旗)

신대륙을 정복한 스페인 사람은 16세기 초 아즈데크 사람에게 그때까지의 그들의 여신 드난틴 대신 과델루뻬의 성모를 믿도로 하였다. 멕시코의 각종 혁명기가 과넬루뻬의 성모를 표시한 것은 이때문이다.

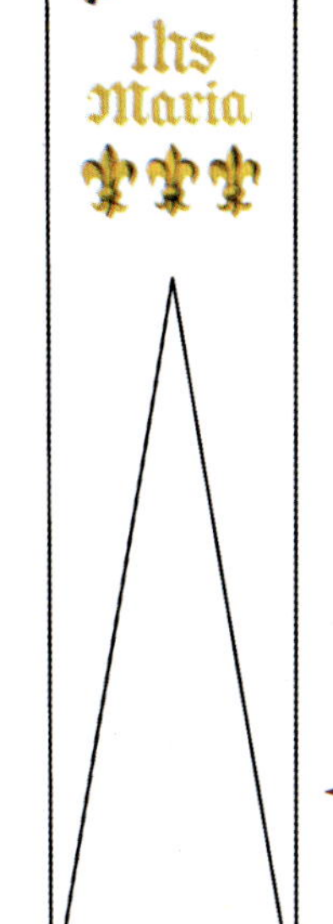

칼 대제의 기

'금색(金色)의 불꽃'이란 뜻을 가진 오리프람라는 이름으로 알려져 있다.

이반 대제(大帝)의 기

1560년 때의 기로서, 삼각부분에 보이는 천사 미카엘은 기 대신 러시아 정교(正敎)의 십자로서, 이반 대제를 보호자로 하는 교회의 승리를 상징한다.

잔 다크 군기(軍旗)

UN 2:3
(국제연합기)
ITU 2:3
(국제전기통신협회기)
UPU 2:3
(만국우편연합기)
ILO 2:3
(국제노동기구기)
ICAO 2:3
(국제민간항공기구기)
FAO 2:3
(국제연합 식량농업기구기)
UNESCO 2:3
(국제연합 교육과학문화기구기)
WMO 2:3
(국제연합 세계기상기구기)
WHO 2:3
(국제연합 세계보건기구기)
IMCO 2:3
(정부간해사협의회기)
IAEA 2:3
(국제원자력기구기)
WIPO 2:3
(세계지적재산기구기)

achievement	필요한 요소(要素)를 모두 집어 넣은 문장(紋章).
armorial banner	문장(紋章)에 있는 방패문양(紋樣)의 바탕 의장(意匠)을 그대로 기의 바탕으로 옮겨온 것.
armorial sail	문장(紋章)의 일부분 또는 전부를 표시한 돛.
augmentaion of honor	군대에 주어진 사명을 확인하기 위하여 특히 문장(紋章)이나 기에 첨가된 의장(意匠).
badge	뱃지:이미 사용되고 있는 기에 독립된 의장(意匠)으로서 첨가된 문장(紋章).
banderole(bandrole)	처음에는 장식적인 작은 기를 의미하였으나, 지금은 streamer나 ribbon을 뜻함.
banner	배너:일반적인 기를 뜻하나, 특히 다음의 네가지 종류의 기 중 한가지를 뜻한다. 1.조형적(造形的) 표현이 풍부한 기 2.문장(紋章) 이외의 charge의 표시가 없는 기 3.빗장에 매달거나, 또는 두개의 깃대 사이에 매달린 기 4.특히 공들여 제작되거나, 복잡한 의장(意匠)을 갖는 기.
banneret	pipe-banner나 trumpet-banner 등과 같은 작은 기.
bicolor	2색(色): 바탕이 가로로, 세로로, 또는 비스듬이 2색으로 나뉜 기.
border	바탕의 테두리를 말하며, 바탕과는 다른 색으로 두른 폭이 넓은 띠부분, fimbriation과는 다르다.
breadth	넓이, width와 동일.
canton	캔턴; 기의 깃봉 쪽 위 모서리 부분을 말하며, 대개의 경우 그 면적은 기의 약 4분의 1 정도.
charge	기나 방패문양 바탕에 배열(配列)된 의장(意匠).
chief	방패문양의 바탕을 가로로 3등분할 때의 맨 윗부분.
civil ensign	민용선박기(民用船舶旗).
civil flag	민용기(民用旗). 일반국민이 육상에서 게양할 수 있는 기.
cockade	코케이드: 장미꽃 모양이나 나비 모양으로 만든 장식.
color	군부대(軍部隊)의 기.
color guard	군대의 의식(儀式)에서 기의 표시를 책임진 집단.
commission pennant	취역기(就役旗):군함(軍艦)이 임무수행 중임을 표시하기 위하여 게양하는 길고 폭이 좁은 기.
compartment	구획(區劃):문장(紋章) 중에서 방패문양이나 수호자(守護者)의 토대(土臺)가 되는 의장(意匠).
countesy flag	의례기(儀禮旗). 외국을 방문한 선박(船舶)이 게양하는 상대방 국가의 기.
crest	꼭대기 장식: 문장(紋章)에서 torse 위에 표시한 하나 또는 둘 이상의 표시물. 이것은 뱃지로서 단독으로 사용되기도 한다.
cross	십자(十字)
deface	이미 사용하고 있는 기에 뱃지를 첨가하는 것.
dexter	오른쪽:기나 방패의 수호자(守護者)의 입장에서 그의 오른쪽 부분. sinister의 반대.
differenced	같은 종류의 기 또는 같은 종류의 방패문양과 그 의장(意匠)에서 약간 차이가 있는 것.
dimensions	치수:기의 실제 길이를 말하며, 세로 길이와 가로 길이 순으로 표시한다.
dipping	중요한 인물이나 선박에 대하여 경의(敬意)를 표하고자 기를 얼마동안 낮추는 것.
disc	charge로서 사용하는 단색(單色)의 원반(圓盤).
distinguishing flag	단체, 군조직(軍組織), 또는 관리(官吏)가 자기 식별(識別)을 위하여 사용하는 기.
draping	조의(弔意)를 표시하기 위하여 깃대에 다는 장식
dress ship	선식(船飾): 특별한 일이 있을 때 많은 기로 배를 장식하는 일.
drum-banner	군대의 행진용(行進用) 큰 북을 장식하는 작은 기.
eagle	깃봉에 단 독수리 모양의 것을 강조한 vexilloid. 로마제국이나 제정(帝政) 프랑스 군대의 것이 유명하다.
ensign	일반적으로 기를 뜻하는 말.
ex-voto flag	특히 힌두교 등에서 종교적 서약(誓約)을 하기 위하여 사용하는 기.
false flag/false colors	선박이 자기의 자격과 틀리게 게양한 기.
field	기나 방패문양의 바탕.
fimbriation	술 장식: 두 가지 색의 바탕을 이들과는 대조적인 색으로 이를 나누는 가는 선, border와는 다르다.
final	관두(冠頭). 깃봉의 장식.
flag	사회적 정보교환용으로 쓰이는 이차원(二次元)의 조형적(造形的) 매체(媒體)로 추체적인 남맘이나, 국적식별(國籍識別)의 표징(表徵)으로 건물이나 선박에 게양하는 장방형(長方形)의 전형적 기를 지칭할 때가 많다.
flag day / flag week	국기가 갖는 가치를 확인하고 강조하는 축제일.
flag officer	rank flag를 게양할 자격을 가진 해군장교.
flag salute / flag pledge	군인에게 요구되는 국가에 대한 충성을 선서(宣誓)하는 한 방법.
flag-tossing	기를 휘두르거나 공중에 내던지기도 하는 스포츠, 또는 그 고장의 관습.
flammule	기의 끝 부분을 불꽃 모양으로 만든 것.
fly	기의 부분을 나타내는 말로서, 깃대 쪽과 반대되는 부분.
folk flag	의장(意匠)을 간략(簡略)하게 하여 손으로 만든 국기.
fringe	술 : 기의 가장자리에 단 실이나 금속으로 만든 장식.

gonfalon	건팔런=기류(旗旒):서유럽 특히 이탈리아 등에서 가로장(빗장)에 매단 기. 그 꼬리가 삼각형이나 사각형으로 잘려 있다.
gonfanon	건파년:옛적에 서유럽지역에서 전투 때 사용하던 기로서, 흔히 창에 매여 사용하였으며 끝이 각진 꼬리로 된 것이 많다. 건팔런과는 다르다.
government flag	state flag와 같은 뜻이다.
Greek cross	그리스의 십자로서, 십자의 각 길이가 동일하다.
guidon	군대의 선두에 사용되는 작은 군용기.
half-staff a flag	반기(半旗)를 게양하는 것.
halyard	기를 게양할 때 사용하는 밧줄.
hanging flag	똑바로 세운 깃대에 매단 가로장(빗장)에 단 기.
hoist	기의 바탕에서 깃대에 가장 가까운 부분.
horsetail	군용기(軍用機)에 장식으로서 다는 말의 꼬리나 그의 모조품.
house flag	기업체(企業體)의 distinguishing flag.
inescutcheon	작은 방패문양:방패문양 속에 있는 작은 방패문양
jack	선수기(船首旗):특수한 상황에서 뱃머리에 게양하는 작은 기.
jolly roger	해적행위(海賊行爲)를 의미하는 상징을 백색으로 표시한 흑색기.
lance flag	옛적에 병사(兵士)가 창 끝에 단 작은 기.
lapel flag	애국의 표시나, 정치적 상징으로 의복의 접은 깃에 다는 금속이나 플라스틱으로 만든 기.
length	기의 hoist쪽으로부터 그 반대 쪽까지의 치수. width와 fly 참조.
livery	문장(紋章)의 기본 색을 표시한 것.
Maltese cross	몰타 십자:네 개의 화살을 그 화살 촉이 한 곳에 만나도록 한 십자.
mantling	문장(紋章)에서 torse와 함께 투구 위에 있는, 마치 갈기진 천조각처럼 매달려 있는 장식.
masthead pendant	commission pendant와 같은 말.
merchant flag	civil ensign과 같다.(민용 선박기)
metal	금색(金色:黃) 또는 은색(銀色:白)을 말하는 문장 용어(紋章用語).
national flag	국기:독립국, 특히 민족국가를 표징하는 기로서, 지상에서나 육상에서 국민이 개인적으로 사용하는 기를 말한다.
naval ensign	war ensign과 같다.
obverse	기의 양면(兩面) 중 중요한 면. reverse의 반대.
ornament	final과 같다.(관두)
parade flag	옥외행진(屋外行進)에서 깃대를 잡고 가려고 그에 알맞는 재료와 부속품으로 만든 기.
parley flag	전투중 교섭(交涉)을 목적으로 게양하는 무늬없는

	백기(白旗).
pavilion	포장(布帳)을 의장화(意匠化)한 문양으로 문장(紋章)의 배경이 된다. 보통 표면은 적색이고 뒷면은 흰 담비(동물 이름)의 가죽으로 한다.
peace flag	평화를 상징하는 의장(意匠)의 기.
pennant/ pendant	페난트:너무나 많은 종류의 기를 지칭하는 것이므로 어느 경우에도 엄밀한 술어(術語)를 사용하는 것이 바람직하다. (banderole, broad pennant, commission pennant, guidon, lance flag, streamer 등 참조) 이 페난트 종류는 이의 발상지(發祥地)였을 것이 확실한 바다에서 신호나 장식, 또는 rank flag로서 널리 사용되고 있다.
pilot flag	선박(船舶)이 물길의 안내인을 찾는다는 것을 표시하기 위하여 게양하는 distinguishing flag.
prayer flag	기도(祈禱)를 표시하는 기.
precedence	서열(序列): 의식(儀式)이나 여러 개의 기를 게양할 때 서열을 정해서 배열하는 것.
prize flag	요트 경기(競技)에서 승자가 게양하는 특수한 기.
proportions	비율:기의 세로와 가로 길이의 비율.
pulldown	건물이나 벽에 장식으로 펼쳐서 붙인 기.
quarterly	4반절(半切) 의:기의 바탕을 가로 세로로 4등분한 것을 말하며, 이렇게 4등분 된 각 부분을 다음과 같이 부른다. ① 좌상을 upper hoist ② 우상을 upper fly ③ 좌하를 lower hoist 그리고 ④ 우하를 lower fly라고 부른다.
racing flag	경기중인 요트가 게양하는 특수한 기.
rank flag	계급기(階級旗):개인의 공식적인 계급이나 직책(職責)을 표시하는 distinguishing flag.
reverse	기의 양면 중에서 다른 쪽보다 중요성이 뒤지는 면. obverse의 반대.
ribbon	리본:장식용으로 또는 기를 깃대에 붙들어 매기 위하여 쓰이는 폭이 좁은 천.
roundel	군용기(軍用機)나 비행부대기(飛行部隊旗)에 국적(國籍) 식별의 표시로서 넣는 원형의 문양.
royal standard / royal banner	왕의 거소(居所)나 권위를 상징하는 rank flag.
safe conduct flag	전쟁 중이거나 이동 중에 이것을 표시한 사람은 보호해야 한다는 것이 널리 사회적으로 인식되어 있는 의장(意匠)의 특기. 적십자 기는 이의 한 종류이다.
St. Andrew's Cross	성 앤드류의 십자:성 앤드류의 상징인 X자형 십자로 스코틀랜드나 제정(帝政) 러시아를 위시하여 여러 곳에서 사용되어 왔다.
St. George's Cross	성 죠지의 십자:성 죠지의 상징인 십자로 백색 바탕에 적색으로 표시되며, 잉글랜드를 위시한 여러 곳에서 사용되어 왔다.

saltire	X자형 십자.
sash	국가 원수(元首), 특히 라틴 아메리카에서 국가의 원수가 가슴에 비스듬이 거는 띠.
scallops	기의 가장자리를 반원형(半圓形)으로 다듬은 것.
Scandinavian Cross	스칸디나비아 십자:스칸디나비아 국기들의 국기처럼 왼쪽으로 치우친 십자.
schellenbaum	병사들이 들고 다니는 vexilloid.
semaphore	수기신호(手旗信號):두 개의 기를 여러 형태로 움직여 신호하는 방법.
seme	별표(*)나 나리 꽃 문양 등을 바탕에 가득 깐 상태.
serrated	지그재그 형의 테두리나 분할선(分割線)을 가진 상태.
signal flag	사회적으로 확립된 의장(意匠)으로, 정보전달(情報傳達)을 목적으로 한 기.
sinister	왼쪽:기나 방패문양의 수호자(守護者)의 입장에서 본 왼쪽 부분. dexter의 반대.
sleeve	깃대를 집어 넣기 위하여 깃대 쪽을 따라 만들어 둔 관상부분(管狀部分).
Southern Cross	남십자성(南十字星)을 도식화(圖式化)한 의장(意匠).
staff	깃대.
standard	스탠더드:이러한 이름으로 불리는 기는 그 종류가 많다. ① 깃대 끝에 표장(標章)을 달아 전투 중에 아군(我軍) 작전(作戰)의 중심으로 삼는 것. ② 문장(紋章)적인 의장(意匠)을 둔 길고 끝이 가는 기 ③ 지금도 특정(特定) 부대가 사용하고 있는 장방형의 문장적 의장(意匠)을 한 기 ④ 왕 등이 공식적인 rank flag. 이상 네 가지 중에서 1과 2는 오늘날에는 거의 볼 수 없다.
standard-bearer	위의 standard 항목 중에서 2와 3의 것을 든 사람.
state ensign	해상용관용기(海上用官用旗). 군사목적 이외의 정부 신빅이 게양하는 국기.
state flag	육상용관용기(陸上用官用旗). 군사목적 이외의 육상시설에서 게양하는 국기. government flag라고도 한다.
streamer	옛적에 선박의 장식에 사용한 길고 폭이 좁은 기.
suite of flags	어떤 상황에서 함께 사용할 기의 한 벌.
swallow-tailed	제비꼬리의:기의 꼬리가 제비꼬리 모양으로 가운데 부분이 속으로 길게 패인 모양.
tab	기가 깃대로부터 떨어져 나가지 않도록 기의 sleeve부분에 꿰메어 붙인 가죽천.
table flag	책상이나 단상에 놓도록 만든 작은 기.
tail	기 끝의 장식이 되는 각지거나 뾰족한 부분.
tricolor	3색(色)기:기의 바탕(field)을 가로로, 세로로, 또는 비스듬이 구획(區劃)하여 각기 다른 3색으로 배

	열한 기.
trumpet-banner	의식(儀式) 때 트럼펫의 장식으로 한 banneret.
type flag	의장(意匠)과 색채의 견본(見本)으로 만든 원형(原形)의 기로서, 이에 기준하여 실제의 기를 제작한다. 반대의 말은 unique flag.
union mark	두 개 또는 그 이상의 영토(領土)가 정치적으로 통일되어 있다는 것을 표시하는 상징. 영국의 union jack이 이의 좋은 예이다.
unique flag	동일한 것이 다시 만들어질 수 없는 기.
unit designation	어느 군대를 나타내는 기인지를 표시하기 위하여 color에 기입한 글.
vailing	경례(敬禮)하기 위하여 color를 dipping하는 것.
vexillary	명사(名詞)로 쓰일 때는 standard-bearer를 말하며, 형용사(形容詞)일 때에는 '기(旗)의'라는 뜻.
vexilloid	백실로이드:기능면(機能面)에서는 기와 같으나, 어느 점[주로 형태(形態)]에서 다른 것을 말한다. 깃대 끝에 동물의 조상(彫像) 등의 장식을 단 것이 많다.
vexillology	기장학(旗章學):기의 역사, 상징표현법(象徵表現法), 사용방법 등을 위시하여 넓은 의미에서는 기에 관한 재미있는 것 모든 것을 대상(對象)으로 하는 과학적 연구.
war ensign	해군기(海軍機). 무장을 한 함정(艦艇)이 게양하는 국기. naval ensign이라고도 한다.
war flag	육군기(陸軍機). 주둔지(駐屯地) 등 육상의 군사시설(軍事施設)에 게양하는 국기. state flag와 함께 게양하는 경우가 많다. color와는 별개의 것이다.
width	hoist를 따라 잰 기의 치수. breadth와는 같은 말이며, length와는 반대되는 말이다.
wigwag	수기신호(手旗信號)하는 것을 말한다.
windsock / windcone	원추형(圓錐形)으로 만든 기. 한 끝은 고리와 깃대에 매고 다른 끝은 개방(開放) 하였다.
yacht flag	여러 가지 특수한 기(pennant, prize flag, racing flag 등)가 있으나, 특히 burgee를 지칭(指稱)할 때가 많다.

찾아보기